U0542682

创意耕痕

创意读写的思考与实践

马骏 著

南京大学出版社

图书在版编目(CIP)数据

创意耕痕：创意读写的思考与实践 / 马骏著. ——南京：南京大学出版社，2023.12
　ISBN 978 - 7 - 305 - 27536 - 4

　Ⅰ. ①创… Ⅱ. ①马… Ⅲ. ①作文课—教学研究—中小学　Ⅳ. ①G633.342

　中国国家版本馆 CIP 数据核字(2023)第 252669 号

出版发行　南京大学出版社
社　　址　南京市金银街 8 号　　邮　编　210093
CHUANGYI GENGHEN——CHUANGYI DUXIE DE SIKAO YU SHIJIAN
书　　名　创意耕痕——创意读写的思考与实践
著　　者　马　骏
责任编辑　荣卫红　　　　　　编辑热线　025 - 83685720
照　　排　南京紫藤制版印务中心
印　　刷　徐州绪权印刷有限公司
开　　本　718 mm×1000 mm　1/16 开　印张 15.75　字数 234 千
版　　次　2023 年 12 月第 1 版
印　　次　2023 年 12 月第 1 次印刷
ISBN 978 - 7 - 305 - 27536 - 4
定　　价　68.00 元

网　　址　http://www.njupco.com
官方微博　http://weibo.com/njupco
官方微信　njupress
销售咨询　(025)83594756

＊ 版权所有，侵权必究
＊ 凡购买南大版图书，如有印装质量问题，请与所购图书销售部门联系调换

自　序

　　创新是民族进步之魂，"创意读写"以"创意"为核心，以"读写"为载体，通过创设一个个"拟真实"的体验情境、生动活泼的语用情境，把"创意读写"与文学阅读、综合性活动、交际实践等连接起来，以学生已有的成长体验和个体语言经验为出发点，"创意读写"不仅关注学生外在学习的探究、发现、验证，更重视其内隐感知、领悟和思维培养，变被动"听语文"为主动"想语文"，变强迫式"做练习"为主动"用语文"，变被动"机械学习"为主动"合作探究学习"，鼓励学生情境读写，让学生内在"创意"思维转化为外在的创意表达能力，开发学生的"小创造力"，实现语文学科育人的目标。

　　"创意读写"首在创意，创意其实来自自己，来自自己的"心思"。生活经验是"创意读写"的直接经验，文学阅读体验是"创意读写"的间接经验，二者共同构成了"创意读写"最基本的源泉，教师注重为学生创设适合成长的、学习资源丰富的读写环境，引导学生进行自主读写实践，创新设计适合学生认知发展规律的单元主题、内容，并通过任务群教学法、课堂观察、量表评价等方式实施教学实践，让学生用情展示自己、用心激发思维、用慧解决问题，促动学生思想上的"能学"、认知方法上的"会学"、认识情感上的"爱学"。

　　"创意读写"重在"做"中"学"、"悟"、"用"，创设多维读写情境，设计富有挑战性的学习任务，使学习者置身"拟真实"的场域中，参与特定语言实践活动，也是学习者亲历具体的"做"过程，学习语文知识、领悟语言思维、运用迁移读写，积累和整合语言活动经验，提升核心素养和思维运用能力。

　　"创意读写"落在学习方式：创意解读、创意阅读、创意写作，在日常生活情境下，学生的语言实践、阅读体验、创意表达是"小创造力"的来源。

　　"创意读写"夯实新课标的理念，选材紧扣统编语文能力点和知识点，基于教材，超越教材，把读写内容与阅读相连，与活动相连，与生活相连，通过让学生亲身经历、读写、感受、思考,提升语文关键能力;情境体验连接"社会生活"、"文学阅读"、"跨学科学习",在"学中用"、"用中建";课程开发和生活沟通,学习方式和生活空间融合。

"创意读写"教学按照"核心素养—逆向设计—评价先行—任务情境设计—创意活动驱动—读写展示—迁移应用"的路径设计不同类型的学习任务,目的是引导学生成为主动的阅读者、积极的分享者和有创意的表达者。

创新举措

新课标颁布以来,中小学教育的重点已转向培育可以运用于未来生活的核心素养,能准确将知识运用于真实情境中的学习力。语言是"民族文化传承的载体",更是"民族文化创新的载体","创意读写"以"创意"为核心,以"读写"为载体,以工坊式研究型学习、项目化学习、合作式学习为抓手,培养学生创造性思维。

1. 固本——助力核心素养"落地"

核心素养的根本是正确价值观、必备品格和关键能力的形成,"创意读写"连接文学阅读、语文实践活动、日常生活、跨学科学习,拓宽了语文学习与运用领域,有助于语文核心素养的"着陆",认识到"以生为本"、"创意读写"的必要性,从理论和实践层面提出了相对完整的、有推广价值的初中"创意读写"课程体系的建设、实施途径与方法。创新思维往往与创造活动联系在一起,突出的标志是有价值的新颖、独特,学生用他们找到的最合适的方式表达他们的所读、所思、所感,体现学生自身的表达风格、创意思维、个性观念和想象力,最终指向以"创意"为中心、以思维培养为目标的课程追求。

2. 提质——提升创造思维的"孵化器"

思维能力在新课标中受到前所未有的重视,明确提出:语文学科的认知表现主要包括直觉思维、形象思维、逻辑思维、辩证思维和创造思维,五种思维虽不属于一个范畴,创造性思维最具综合性。"创意读写"融合直觉思维、形象思维、逻辑思维、辩证思维和创造思维,为文化创新人才做好"孵化器",彰显个性化成果,教师设置多维情境和读写任务群,激发学生的"创意",唤醒学生个体阅读和表达的欲望,促进学生思维能力的发展,助推语文核心素养的提升。

3. 问路——呈现"创意读写"的经典课例和设计

"创意读写"的实践探索能按照"创意解读"、"创意阅读"、"创意写作"和"创意评价"展开教学领域划分,并以名师的成功教例作为研究对象,分析他们的教学行为中的"创意"成分,设计创意读写任务群,让学生在真实的生活情境、文学阅读情境、跨学科学习情境中"创意表达",形成"鸡蛋里有骨头吗?"、"蚯蚓爬进教室来"等"创意读写"教学的经典课例,借助语文实践活动,在真实的语言交际过程中提升"创意",提高"读写"能力,进而形成一整套有推广和借鉴意义的"创意读写"教学实践研究的操作范例。

"创意阅读"注重为学生创设适合成长的、学习资源丰富的阅读环境,引导学生进行自主阅读实践,教师利用微型课明确阅读任务,引领学生阅读,提示学生阅读策略,组织分组学习与评价,学生则通过交流学习方案、自主阅读、小组合作、参阅资料、分享成果进而完成阅读任务;"创意写作"则创设多维情境作文教学,激发思维,唤醒个体表达,强调师生平等,集体创作、集体研讨,在平等交流的环境中,写作者和参与者分享自己的"写作草稿",讨论、修改,形成自己的"创意作品","引导学生成为主动的阅读者、积极的分享者和有创意的表达者"。

4. 多元——倡导"多元动态评价"

"创意读写"评价以"立德树人"为主目标,以"学生成长体验"为出发点,注重表现性评价、增值性评价,"自觉唤醒学生成长经验"、"主动呈现创意表达",实现"教、学、评一体"的"落地",形成"创意读写"的评价方式。这包括系统化的"创意读写"课堂观察、话语分析、表现性评价等多元评价方式,以指导教师更好地理解和实践"创意设计",其中研制了较为科学的课堂观察表、师生话语分析报告和表现性评价量表,包括评价标准、评价工具、评价策略、评价指标、评价智能系统等具体手段,并进一步细化二级评价指标,使得教学实践的针对性、指导性和可操作性增强。

本书分为创意解读、创意阅读、创意写作三部分,第一部分是对统编教材部分课文的个性化解读和创意思考;第二部分精选创新课堂的教学课例,从设计理念、教学过程到各环节的解析,立体呈现单元任务群的范例;第三部分创意写作追求用创意来统领写作,用写作改变生活,唤醒学生的生命体验、训练学生的创意思维、提升学生的小创造力,从而激发学生用文字表达生命体验的愿望。

  本书的出版要感谢徐瑾校长和南京市浦口区实验学校领导的支持,是你们让身为普通教师的我第一次有了自己的成果专著;感谢原南京市鼓楼区教研员孙和平老师、江苏省第二师范学院贡如云教授、南京市金陵汇文学校杨友红老师,是你们的鼓励让我成为一名"研究型"教师;对自己研究团队的张有金老师道一声谢谢,从"体验作文"到"创意写作",你的帮助让我在教科研的跋涉之路上受益匪浅。

  喜欢语文教学的同道者,让我们砥砺前行,携手共进。

2023 年冬于浦口

目录

【创意解读】

"背影"后面的"我"
　　——对《背影》的解读 003

高尚的"愧怍"
　　——对《老王》的解读 008

语篇视域下的统编版教材《战国策》选文分析
　　——以劝谏类文本《唐雎不辱使命》和《邹忌讽齐王纳谏》为例 013

"双减"背景下语文教师角色的新定位 020

指向学生思维能力培养的语文教材插图的利用和"二次开发" 027

语篇分析视域下的微探究教学策略研究
　　——以《猫》的教学为例 037

小说文本细读的路径探究 044

部编初中教材"课后小练笔"的编排特点、分类和优化策略 051

预约意外,衍生精彩 059

追求一堂有厚度的语文课
　　——《汪大娘》课堂实录 064

【创意阅读】

项目化视域下的活动探究单元教学策略探索
　　——以统编初中语文教材"演讲单元"为例 079

"主话题"设计在阅读教学流程中的优化 088

"诵读"的价值、表现和教学策略研究 096

"文学阅读和创意表达"学习任务群的单元设计和策略创新
　　——以九年级上册诗歌"活动·探究"单元为例 104

初中口语交际"思维力"价值、类型和教学优化策略 114

中考语文任务驱动型情境化文学阅读的命题策略及启示 122

走向素养立意,渗透语文教学新导向
　　——2022年中考语文浙江温州卷评析及教学建议 ········· 130
"读"出精彩 ········· 137
提高课堂阅读教学有效性的教学策略初探 ········· 140
情境驱动,读写融合
　　——八年级下册第一单元"民俗篇"学习任务群设计 ········· 145

【创意写作】

初中创意写作课程开发的"突破"和"创新" ········· 157
趣谈写作指导的起点和路径
　　——以"学会景物描写"写作指导为例 ········· 168
基于体验活动的作文教学策略探究 ········· 173
鸡蛋里有骨头吗? ········· 179
观蚓记
　　——"全方位观察和动态观察"观察课教学设计 ········· 188
"亲情测试" ········· 201
放大精彩 ········· 212
那一点萤火之光
　　——写在国家公祭日之际 ········· 219

【学生创意习作】

湘江北去
　　——《沁园春·长沙》改写 ········· 225
《土地的誓言》改写 ········· 227
再回延安
　　——《回延安》改写 ········· 229
故乡(剧本) ········· 231
乡愁 ········· 235
莫向东风怨别离
　　——《红楼梦》探春心曲 ········· 239
一定是这样吗? ········· 242

创意解读

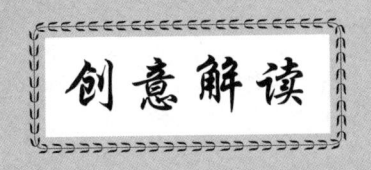

"背影"后面的"我"
——对《背影》的解读

《背影》是朱自清先生的经典名篇,一篇仅千余字的短文,感染了几代人,细究其魅力,一方面是因为真挚、深厚和朴实的父子情,另一方面则是朱自清在文中记录了自己从审父、感父到体父的心路成长历程。《背影》解读的关键点,在于认识"背影"后面的"我",在于理解朱自清认识父爱的那双"心眼"。

一、审父

一个20岁的青年,北京已来往过两三次,父亲本已说定不送"我",却终于还是送"我"去,两次的"踌躇"看出了父亲的犹豫,三次的"嘱咐、嘱托"让读者看到了一个想和儿子多待一会、放心不下儿子的父亲,道出了父爱的含蓄、厚重。此时儿子的表现却令人诧异,"我再三劝他不必去""总觉他说话不大漂亮""我心里暗笑他的迂,'爸爸,你走吧'"。

已经成年的儿子为何与父亲有如此的隔膜?为何儿子总以审视的目光去看待父亲呢?笔者以为:

1. 审父意识的萌醒

审父意识是指子辈和父辈因世界观、人生观的差异,子辈对父辈行为的审视、不满和叛逆。随着子辈的年龄和阅历的增长,子辈的人格和独立意识的增强,渴望获得个性自由和超越父辈,特别是在本文所处的"五四"时期这个社会巨大变革时期,五四新文化运动冲击着封建父权,冲击着代表着传统权威和力量的父权文化,突显的是儿子对父辈的反叛和抗争。审父就是用理性的目光去审视和批判父权。

2. 家庭变故的缘由

《背影》中朱自清"那年冬天祖母死了,父亲的差事也交卸了,正是祸不单行的日子,我从北京到徐州,打算跟着父亲奔丧回家",家境变故的原因,据《朱自清年谱》(1917年冬)的记载:"父亲朱鸿钧时任徐州榷运局长,在徐州纳了几房妾,此事被当年从宝应带回的淮安籍潘姓姨太得知,赶至徐州大闹一场,终至上司怪罪,撤了父亲的差,为打发徐州的姨太,朱鸿钧花了许多钱,以致亏空五百元,让家里变卖首饰,才算补上窟窿,祖母不堪承受此变故而辞世。"原来是父亲的所作所为造成了家中光景的惨淡,父亲一句"事已如此,不必难过,好在天无绝人之路"的安慰,依然无法化解儿子内心的酸楚。面对暖意满满的父爱,此时的朱自清已是20岁的成人,又深受"五四"启蒙思想的影响,从内心对父亲的所为不满,或者说认为父亲的所做是不高明的。作者虽然没有与父亲争执,但总是用沉默、冷漠来审视父亲的做法。

审父意识显现在《背影》的几处细节中。"父亲讲价钱时,我总觉他说话不大漂亮,非自己插嘴不可","总觉"和"不大漂亮"写出了作者当时的"自以为是"。"我心里暗笑他的迂"中的"暗笑"透出作者对父亲"讲价"行为的轻视。父亲"照看行李"、"讲价"、"拣座"、"嘱托茶房",忙得不亦乐乎,而送行的"主角"儿子只是站在一旁,默默地看着。

这里的"审父",写出了年轻的"我"当时对人情世故的"自以为是",审视父亲的不够高明,感觉父亲说话的不大漂亮,父亲的"迂"、"爸爸,你走吧"道出了儿子当时的内心,记录了父亲与儿子的隔膜是如此深。

二、感父

"相较于'五四'时期的其他作家,通过父子冲突,将父亲推上审判台,抨击封建父权的专制、蛮横不同,朱自清的《背影》是写实的"[①],审父和感父交织在一起,关键在"望父买橘"这部分。感父体现在:

---

① 翟传增:《"父亲"的味道——朱自清〈背影〉中父亲形象的文学史意义》,《玉林师范学院学报》2021年第2期。

1. 观察视角的转换

"望父买橘"这部分,审父和感父的观察视角转换在于"我看见"。当身穿棉袍、衣着不便、体态较胖的父亲主动提出到月台的栅栏外买几个橘子时,"父亲是一个胖子,走过去自然要费事些",父亲的"迂"在于"我本来要去,他不肯,只好让他去","只好"透出儿子对父亲买橘行为的审视和不赞同,相较于前面审父时观察的简单,作者从"我看见"开始,观察异常清晰,慢镜头,细化。如果说前面是"审视"的视角,从"我看见"开始,观察视角转为"凝视":凝视父亲的衣着,"黑布小帽""黑布大马褂""深青布的棉袍";父亲的动作,"蹒跚""攀""缩""倾";父亲动作的修饰语,"慢慢""微""努力"等将一个人到中年、日趋衰老的父亲"白描"出来,这是近距离观察的"背影"。凝视父亲的"背影",看到的是父亲衰老身体的轮廓,此时此刻,原先的审父所带来的埋怨、不理解、隔膜,瞬间被感动所冲击,"在理智上,五四作家认识到必须对所谓的'父辈文化'进行最直接、最尖锐的批判,……但在情感上,当他们面对生活中活生生的父亲时,又对现实的、血缘意义上的父亲有着难以割舍的依恋"①。此时作者所看到的"背影"是朱自清心中的父亲,背影中凝聚着过去的童年时光、温暖的记忆,还包含着父亲现在身体的衰老。

2. 矛盾情感的显现

"我赶紧拭干了泪,怕他看见,也怕别人看见。"朱自清被父亲的"背影"所感动,流下了泪,这里的情感是矛盾的,怕别人看见,是因为作者已经成年;怕父亲看见,为什么呢? 在父亲面前流泪,是儿子内心的愧疚感所导致的。父亲对儿子的爱是持续的,送站、讲价、拣座、买橘等,父亲对儿子内心情感的波动没有丝毫察觉,父爱是出于人性中的本能——舐犊之情,不求回报,从"心里很轻松似的"可以读出。反观作者自己,朱自清此刻从爱的"隔膜"到爱的"接受","等他的背影混入来来往往的人里……我的眼泪又来了"。朱自清对父亲从"审"到"感"的重新认识中,他的心智慢慢成熟起来。这相对于"五四"时期其他作家,对"父权"的审视和批判,《背影》是少有的,散发出经典的魅力。

---

① 罗伟文:《先锋小说与"五四"文学的审父意识比较》,《江西社会科学》2004 年第 5 期。

三、体父

　　写此文时,距离浦口火车站的送别已过了七年,当时27岁的朱自清已为人父、人师,"他终于忘却我的不好,只是惦记着我,惦记着我的儿子"。与父亲关系的缓和,自己的年岁渐长,思虑成熟,对父亲的所为有了不同的体会,能够学会设身处地地体察父亲的处境,体会父亲的关爱,体谅父亲的所为,将错位的父子之情、审父意识转变为"血浓于水"的体父意识,对父辈的那种依恋、那份温情流淌于朱自清的骨子里、血液中。

　　体父的第一次是"送别时的我"和"写《背影》时的我",它们分别代表着两个不同的时空和两种不同心态的声音。叙事视角转变,前面"审父"话语结束,后面"体父"话语就对前者的话语加以否定,"我那时真是聪明过分,总觉他说话不大漂亮,非自己插嘴不可","唉,我现在想想,那时真是太聪明了"。"总觉他说话不大漂亮""我心里暗笑他的迂"写出了送别时的"我"总觉得比父亲高明,总以审视的目光看父亲的做法;"写《背影》时的我"的两个"聪明"话语是明显的反语和讽刺,将当时"我"的故作成熟、自作聪明写了出来,自己当时太不了解父亲、太不谙世事,没有体会到父亲的爱子深情,父爱的"重"和自己的"轻"形成鲜明的对照。两个"真"凸显出"现在的我"的愧疚之情。审父向体父的转变正是作者自我反思、自我蜕变、走向成熟的必经之路。

　　从审父到体父的根本转变是在文章的最后一段。作者曾说过:"我写《背影》就是因为文中所引父亲来信里的那句话,……我父亲待我的许多好处,特别是《背影》所叙的那一回,想起来跟在眼前一般无二。"这段中缠绕着两个词,"感恩"和"感伤",作者用第三人称的"他"和"四字短语",叙写了父亲的生平经历和老年心境,从"少年出外谋生""独立支持""老境颓唐"等词语,可见作者感受到父亲操持家业的艰难,感恩父亲对家庭的付出,释然父亲琐屑的行为。"大约大去之期不远矣"让朱自清感伤父亲的衰老,感伤父亲的暮年心态,"待我渐渐不同往日","终于忘却我的不好,只是惦记我,惦记我的儿子";感伤"背影"的离别,祖母去世了,"我"见不到她的背影了;父亲火车站的送别,背影混入来来往往的人里,再也找不着了;"大约大去之期不远矣"预示着"我"可能永远也见不着父亲了,这里道出了人间的至爱——亲情，也写出了人间的至痛——死别。此时的"背影"已经不是"离别"，而是"诀别"。"唉！我不知何时再能与他相见！"传递出作者对人生无可奈何的别离和无法逃脱的悲哀。

　　体父让作者明白，子辈的成长和父辈的逝去是必然的规律，是我们无法改变、无法抗拒的。

　　从审父、感父到体父这一串作者心路的脚印，让我们读到在"五四"新旧思想交替下，朱自清先生的一段个人成长的心路历程，这段心路不单留在了朱自清心中，也留在了国人心中，为当时的寒夜带来难得的温暖和慰藉，也为中国现代文学带来一抹亮丽的色彩。

高尚的"愧怍"
——对《老王》的解读

杨绛先生的《老王》是篇回忆性散文,被多版语文教材选入,成为经典课文。对这篇文章的解读,切入点很多,如苏教版必修三将其选编在"底层的光芒",部编教材七年级下放入"小人物的故事"单元,笔者以为这些都是编者的误读,对杨绛先生放在"老王"身后的隐语和意图没有真正理解,习惯于隐身哲学的杨绛借用"老王"这件隐身衣,对社会、对人性、对自我进行了审视。

杨绛在《隐身衣》一文中是这样解读的:

卑微是人世间的隐身衣,惟有身处卑微的人,最有机缘看到世态人情的真相。

我身穿"隐身衣",别人看不见我,我却看得见别人……我可以把看不起我的人看透。

一、以善良体察善良,看透社会的冷

老王是"十年浩劫"那个特殊年代的"大背景下的小点缀",一个普普通通、靠蹬三轮车为生的小人物,杨绛一家与老王的熟识,仅是因为"我"常坐老王的车。

老王是个苦人,用他的话说,"脑袋慢""晚了一步",成了单干户,没有组织,"经常有失群落伍的惶恐",孤单一人,身有缺陷,"只有一只眼,另一只是田螺眼,瞎的","他那一只好眼也有病,天黑了就看不见",几间塌败的小屋是他的栖身之地,当"我"问起那里是不是他的家时,老王只说:"住那儿,多年了。"

没有家的温暖。

就是在这样的境遇下,老王仍毫无怨言,善良地对待身边的人。老王送水,送"我"的丈夫默存(钱锺书)去医院,临死前到"我"家送香油与鸡蛋,这"三送"是老王身上"善"的显现。

而杨绛一家也是善良的人,关心老王的生计,"当乘客不愿坐他的车,怕他看不清,撞了什么","我"这个健全的人坐老王这个身有缺陷者的车时,反而就有了关照他的意思,照顾老王的生意,"我们当然不要他减半收费",女儿送老王大瓶的鱼肝油,治好老王的夜盲症。后来,不坐老王车了,还时常关心老王,甚至当老王送来香油和鸡蛋时,尽管老王说不要钱,"我"坚持将钱给了他。

在那个特殊的年代,两个善良的人相互关心、相互取暖。杨绛在《丙午丁未年记事》中说:"乌云蔽天的岁月是不堪回首的,可是停留在我记忆里不易磨灭的倒是那一道含蕴着光和热的金边。"

与之形成对比的是邻居和看客的冷。

1. 邻居老李的冷漠与歧视

老王死后,当"我"碰见老王的同院老李,问起老王近况时,"早埋了"、"埋了"是平常人们称呼死猫、死狗的,如今竟套用在老王的身上了。面对自己的亲人,深爱的朋友,甚至一个普通的生命的离逝,稍有同情之心的人都不忍使用,何况两人住在同一个大院多年。老李绘声绘色谈论的是老王死后,身上缠了多少全新的白布,埋在什么沟里。由此我们可以看出,老李感兴趣的是回民特殊的丧葬习俗,而不是老王的善良。

2. 看客的冷嘲与侮辱

老王从小就身有残疾,一只眼是"田螺眼",瞎的,都令人怜悯,而这些麻木的看客,"这老光棍大约年轻时不老实,害了恶病,瞎掉了一只眼",连老王自己都不知道病因,看客们直接定性为"年轻时不老实",对老王直接称呼为"老光棍",对本已遭遇身体残疾的老王,再给予冷嘲与侮辱、精神的欺凌。

对比邻居和看客的所为,杨绛一家对待老王是无须愧怍的,愧从何来?

二、以愧怍体察善良，彰显正直心灵的自省

"我"是幸运者吗？

答案是否定的，《干校六记》中记叙："文化大革命"期间，钱锺书被打成"牛鬼蛇神"，剃成"十字头"，自己被剃成"阴阳头"，挂牌游街，下放改造，女婿含冤自杀。杨绛是受害者，从文中"'文化大革命'开始，默存不知怎么的一条腿走不得路了"，"我自己不敢乘三轮，挤公共汽车到医院门口等待"，甚至文中杨绛自嘲是"好欺负的主顾"。

"我"是个幸运者，在"十年浩劫"中得到了老王真诚无私的帮助，那作为幸运者的"我"为什么对作为不幸者的老王怀有"愧怍"之情呢？"我""愧怍"什么呢？

1. 我一直用物质报答而缺少精神上的关心

"但不知为什么，每想起老王总觉得心上不安"，几年过去了，"我"不断地审视自己的情感，回忆着老王对"我"家的帮助，体会着老王平时种种好处：送默存去医院时，老王坚决不肯收钱，"我送钱先生看病，不要钱"。也许在老王看来，人与人之间相互帮助是应该的，更何况钱先生还有病。送人看病这样的事不能收钱。"我"一定要给钱，他哑着嗓子悄悄问"我"："你还有钱吗？""哑着""悄悄"是怕"我"难堪，"你还有钱吗？"是担心"我"看病钱不够，老王勉强收钱后，还不大放心。老王的这一举动是出于本能，出于淳朴至极的善良天性。死前一天，老王拖着病体，蹒跚地走到"我"家，他知道自己的时间不多了，临死前还惦记杨绛先生一家，当"我"表达了谢意要给钱时，他连忙止住"我"说："我不是要钱。""我"坚决要给钱，文中是这样描述此时的老王："他也许觉得我这话有理，站着等我。"老王当时已是个将死之人，钱对于此时的他已没有多大的益处，更何况从前文"送冰"这件事中可看出老王不是个爱财的人，他站着等杨绛实际是怕"我"难堪，是怕"我"内心感觉占了便宜过意不去。老王病终前的行为让"我"汗颜，而"我"因为害怕糊涂了，连请他坐一坐都忘了。

2. 知识分子的清高、冷漠使"我"和老王的关心的情感不对等

"我"常坐老王的车，说着闲话，可是老王叫什么名字，一直不知；夫妇散步，经过老王居住的破落大院，看见老王蹬车返回，竟没有顺便去瞧瞧；老王生病了，

不知什么病,生病时,怎么生活的,都没有问一问;老王拖着病躯送香油和鸡蛋,"我"只是吓糊涂了,"我不敢想象他是怎么回家的",他有没有安全地回家,"我"都忘却了;过了十多天,遇到老王的同院老李,知道了老王的死讯,"呀,他什么时候……",短暂的惊愕后,"我也不懂,没多问"。连埋葬的地点都没有问,更别说去吊唁。"但不知为什么,每想起老王总觉得心上不安",几年过去了,才写了《老王》,杨绛对待老王的态度上,是一种礼节性的冷漠。

反观老王,"愿意给我们家送冰,车费减半"。帮助杨绛一家。"他哑着嗓子悄悄问我还有钱吗"写出了老王的善良和淳朴。老王病后,开始他还能扶病到杨绛家,病重后托老李传话,看出了老王是将杨绛一家看成自己的亲人。杨绛的冷和老王的暖在下面的例句中充分地显现出来。

他赶忙止住我说:"我不是要钱。"

我也赶忙解释:"我知道,我知道——不过你既然来了,就免得托人捎了。"

他也许觉得我这话有理,站着等我。

杨绛的冷在"我知道,我知道",杨绛不知老王是在临死前送的香油和鸡蛋,不知道钱对此时的老王已经没有任何意义,她只是在惯性的礼节下的客套,心安理得后的冷漠。

老王的暖是将杨绛当成亲人,将自己最后的好东西留给亲人,站着等"我",是怕给"我"添麻烦,托人捎。多年后,写本文时,作者感受到了老王是揣着别人冷暖的人,也许是作者的揣测,也许是作者的愧疚和自责。

礼节下的客套和揣着别人冷暖的人,这是何等善良的心,这是多么高尚的内心境界。

"我"渐渐明白,老王对"我"的关心远胜于"我"对他的帮助,"我"对老王有愧啊!"捉摸他是否知道我领受他的谢意",流露出"我"原先内心中"施恩者"的心理,这是"我"愧怍的根本原因。由此,笔者认为对文末结尾"那是一个幸运的人,对于一个不幸者的愧怍"还可以作如下解读:"我"这个幸运者与老王这不幸者,不存在"施恩者"与"受恩者"的关系,不存在老王应该感激"我"的帮助,"我"应向他学习,他的境界比"我"高,"我"在他面前感觉有愧啊!

我想,正是因为作者有这样一种发自内心的愧怍之情,勇于解剖自我,才让这篇文章余味悠长。让我们充分认识了杨绛先生对人性、对爱的执着追求。最后用杨绛先生的一句话作结语:"人性不会泯灭,乌云不会永远占领天空。"

语篇视域下的统编版教材《战国策》选文分析
——以劝谏类文本《唐雎不辱使命》和《邹忌讽齐王纳谏》为例

先秦是中华文明的正源,是中国原生文明兴起和集大成的时代,先秦历史散文记录了春秋战国时期各诸侯国的历史事实和历史人物的"言""行",是中国史传文学的"前溯"。在先秦历史散文中,《战国策》是具有"里程碑"意义的,它没有"微言大义","所有言论都是独创的、直接的,包含可爱的机警和雄辩"[①],为《史记》纪传体的形成提供了借鉴,不仅"开创了以人物为中心记叙历史的新格局",而且在语篇结构的连贯性和语篇衔接的多样性等方面都表现出了较高的"遣词言事"艺术[②]。先秦文化是中华优秀传统文化的"源头",为培养学生的"文化自信",部编初中教材的古代选文中,先秦历史散文一直是选编的重点,作为"先秦历史散文新面貌"的《战国策》更是受到关注,《唐雎不辱使命》和《邹忌讽齐王纳谏》集中编排在九年级下册,这不仅体现了《战国策》在先秦历史散文中的"创新"地位,也有利于学生熟悉和把握先秦历史散文的叙事艺术、语篇风貌。

同为《战国策》劝谏语篇的代表,《唐雎不辱使命》和《邹忌讽齐王纳谏》如何有效发挥《战国策》的"资鉴劝惩,教育世人"的语篇价值,就显得至关重要。本文将以这两篇劝谏类文为例,注重对其语篇特征展开考察,从语篇交际的功能目的、语篇话语的结构方式、语篇生成的历史文化语境入手,通过对选文的语篇分析,彰显《战国策》的独特魅力。

[①] 郑振铎:《插图本中国文学史》(上),上海:上海人民出版社,2005年。
[②] 徐柏青:《论先秦历史散文的发展与演变》,《湖北师范学院学报(哲学社会科学版)》2010年第3期。

一、明确叙事目的和谋篇过程，呈现语篇交际功能

"语篇是试图实现某种交际功能的语言实体。"① 语篇的交际功能主要是指作者试图通过自己的观点、态度、倾向、立场去回应或影响别人。《唐雎不辱使命》和《邹忌讽齐王纳谏》交际功能的语篇特征主要体现在意向性和可接受性。

叙事目的是交际功能意向性的体现，"意向性是指作者创生语篇以实现交际功能或达到传意目的"②。明确叙事目的是先秦历史散文文本解读的关键。不同的叙事目的，决定了不同类文本的语篇体式。《战国策》是以记录战国时期纵横家的社会活动为中心，通过谋臣策士的言行，展现战国时代波诡云谲的社会现实。为了实现"资鉴劝惩"的叙事目的，它不再以记言或记事为主，而是以记人为主，通过记录人物的言行来展现不同的"士"的形象和精神。这是对《春秋》《左传》追求"微言大义"的改变，所有的记叙都是围绕某个人物或事件而展开的叙事艺术，是谋臣和策士对自己活动和生活的写照。

同为劝说文的《唐雎不辱使命》和《邹忌讽齐王纳谏》，其交际的目的和对象都比较明确。《唐雎不辱使命》中唐雎临危受命，面对不可一世的秦王，直谏劝阻，使得"安陵以五十里之地存"。作者根据叙事需要，对唐雎的外交抗争进行重新编排，简略历史背景，突出会面时的"对话"，围绕"易地"，塑造了一个"不卑不亢、斗智斗勇"的"士"的形象，引导读者更好地体会语篇要传达的"不畏强暴、崇尚正义"的优秀传统文化的核心理念。

《邹忌讽齐王纳谏》叙述了齐威王接受邹忌劝谏，采纳群言，修明政治，最终"战胜于朝廷"的故事。作者详写了邹忌的"劝谏"，齐王的"纳谏"及齐国的大治仅一表而过，为了"资鉴劝惩"，语篇以"治家"悟"治国"的邹忌、从善如流的齐威王为中心展现战国时代风云变幻的历史，作者意在弘扬"说真话"的美德，告诫统治者要能听取不同的意见。

谋篇过程呈现语篇交际功能的可接受性。可接受性是指语篇创建目的容易

---

① 贡如云、黄伟：《语篇学视域下的语文教学改造》，《课程·教材·教法》2017年第8期。
② 贡如云：《高中语文统编教材选文的语篇特征考察》，《课程·教材·教法》2021年第12期。

被读者接受,或者受众乐意参与对话。作者自觉地将读者接受心理纳入文本谋篇过程,有着清晰的对象意识。从谋篇过程角度来分析文本,《战国策》具有背景(事)+情节(对话)+评论(言语)的语篇结构特征,谋篇过程是语篇结构的"内化"。在这里,举《唐雎不辱使命》和《邹忌讽齐王纳谏》为例来说明。

  同为劝谏类文本,叙事目的很明确,突出情节(对话),如何劝谏的谋篇构思却不相同。《唐雎不辱使命》是直言进谏,唐雎面对残暴的秦王,思虑的是如何直言,让秦王放弃"易地",保全安陵。唐雎采用了三种可接受的策略。一是晓之以理,因安陵君"弗敢易",秦王"不说",直面唐雎时,"何也"、"轻寡人与"露出威胁之意,"否,非若是也"缓和了秦王以强凌弱的气势,"受地于先王而守之"言辞委婉,"守"字有理有节,"虽千里不敢易也,岂直五百里哉?"强化了"守土不易地"的立场,揭穿了秦王以空言诈人国土的蛮横。二是斥之以"据",秦王用"伏尸百万,流血千里"的"天子之怒"威吓,唐雎以"伏尸二人,流血五步"的"布衣之怒"针锋相对,突出"专诸刺王僚""聂政刺韩傀""要离刺庆忌",这些"士之怒"的"据","与臣而将四矣"暗示了唐雎效法三人,刺秦王的决心。三是行之以力,唐雎"挺剑而起",以行证言,这一义无反顾的行为迫使秦王"色挠,长跪而谢之",最终不辱使命。

  《邹忌讽齐王纳谏》是连类引譬的婉转讽劝,从"治家"到"治国",邹忌讽谏用了"层层推进的比喻说理"[①],曲折层进的讽谏过程呈现三个步骤:一是以自己亲身经历"闺房小事"的"三问答",得出"妻私我""妾畏我""客有求于我"的理性分析;二是连类引譬的"三类比",由"家事"类比"国事","妻私我""妾畏我""客有求于我"上升至"宫妇左右莫不私王""朝廷之臣莫不畏王""四境之内莫不有求于王",由"邹忌受蔽"推知"王之蔽甚矣";三是齐王广开言路,修明政治的"三赏赐",由于邹忌深谙齐威王的心理,《史记·滑稽列传》记载:"齐威王之时,喜隐。"[②]类比进谏,让齐王欣然领悟,接受邹忌谏言,而使齐国"战胜于朝廷"。

  因此,通过对统编教材中《战国策》选文的语篇分析,明确了叙事目的和谋篇过程,从语篇的交际性层面,明晰了《战国策》与其他先秦历史散文的区别,也有

---

  ① 孙绍振:《孙绍振解读经典散文》,北京:中华书局,2015年,第39页。
  ② 司马迁:《史记》(四),北京:中华书局,2021年,第2771页。

助于了解《战国策》劝谏类文本不同的语篇风貌。

二、梳理衔接和连贯方式，彰显语篇的成篇功能

作为先秦历史散文的"创新之作"，《战国策》具有重要的史学和文学价值，各具风姿的策士说客、丰富铺陈的游说言语、戏剧性的故事情节都记录着战国时代历史的"剪影"。为了领会《战国策》的史家文字和文学笔法，我们有意识地借助梳理语篇的衔接和连贯方式，了解语篇的成篇功能。成篇功能即语用思维，关注语篇是怎样表达的。刘勰在《文心雕龙·章句》中说语篇的衔接和连贯，是"夫人之立言，因字而生句，积句而为章，积章而成篇"①。衔接指形式的衔接，连贯指意义的连贯，衔接与连贯是语篇结构最本质的特征，通过对劝谏类文本《唐雎不辱使命》和《邹忌讽齐王纳谏》的梳理，我们从指称、同现和复现、连续连贯和断续连贯等方面来彰显语篇的成篇功能。

1. 为了丰富人物形象，《战国策》语篇较多使用人称指称

人称指称是指表示人的具体称呼对象。《唐雎不辱使命》中人称指称很多，例如"秦王"色厉内荏的性格就可以从指称来分析，"秦王"自称："不说"时用"寡人"，威胁时用"吾"，"怫然怒"时用"天子"，这是秦王"色厉"的显现。"秦王"对唐雎的称谓随着唐雎"挺剑而起"由"布衣"到"先生"的转变，"内荏"性格清晰。《邹忌讽齐王纳谏》中邹忌"谓其妻"用"我"，"问其妾"用"吾"，"问之客"用"吾"，与后文的"私"、"畏"、"求"相对应，显露出邹忌说话时的"心理优势"，为后文邹忌的理性反思作铺垫。通过梳理两文后，我们发现，《战国策》劝谏类语篇较少使用第三人称，《唐雎不辱使命》中18个"之"字，作为第三人称的只有3处，"其"等常用的第三人称几乎没有；《邹忌讽齐王纳谏》中21个"之"字，作为第三人称的仅有4处，"其"的第三人称使用仅3处。在语篇中涉及的君主、百姓、策士、谋臣等都有明晰的人称指称，或以人物姓名，或用表示身份的其他名词。从上文的例子可知：称谓的变化，不仅可以刻画人物性格、丰满人物形象，还可以表现戏剧性的情节变化。

---

① 刘勰：《文心雕龙》，王志彬译注，北京：中华书局，2012年，第392—393页。

2. 为了准确把握主旨,《战国策》语篇常使用词汇衔接

词汇衔接是语篇衔接的重要手段,《战国策》注重使用词汇衔接,主要有两种衔接方式:同现和复现。同现是重复衔接,即"在一段文本中出现的词汇集中指向同一个概念或主题的现象,这些词汇之间的关系常是反义的或互补的"①,如《唐雎不辱使命》中"其许寡人!""何也?""轻寡人矣?""天子之怒乎""伏尸百万,流血千里"共同指向秦王对"易地"的诈心,显露出秦王的"倨";面对唐雎"伏尸二人,流血五步"以死护地的决心、"挺剑而起"的义举,秦王"色挠""长跪""谢"是"恭"的显现,突出了秦王"吞安陵"的失败、唐雎"护安陵"的成功。

复现是逻辑衔接,指的是"某个词以本词、近义词或以其他形式反复出现在语篇中,目的是衔接与连贯语句"。如《邹忌讽齐王纳谏》围绕"蔽"字,邹忌与徐公比美,妻"私"、妾"畏"、客"求"都说了假话"徐公何能及君也",邹忌受"蔽"、"思之"后,蕴藉"讽谏",宫妇左右"私"、朝廷之臣"畏"、"四境之内""求","王之蔽甚矣"。邹忌以"己蔽"取譬类比"王蔽",以切身体验促齐王"纳谏""赏谏"。这些同现和复现的词语不仅将语篇衔接成一个整体,还集中鲜明地凸显了文本主旨。借助同现和复现词汇衔接方式,有助于学生从整体上准确把握语篇主旨。

3. 为了叙事脉络清晰,《战国策》语篇注重语段贯通

连贯是指词语、句子或段落间存在内在的逻辑关联,语篇前后的连贯,有利于文本逻辑严密、思路通顺。依据文本章句是否间隔,连贯可分为连续连贯和断续连贯,前者主要指前后词语、上下语句、段落呈现连续关联;后者是指语篇中相互呼应的语句、段落之间的连贯。

如《唐雎不辱使命》中的"此庸夫之怒也,非士之怒也。夫专诸之刺王僚也,彗星袭月;聂政之刺韩傀也,白虹贯日;要离之刺庆忌也,仓鹰击于殿上"是连续连贯,借助于中国古典诗词中常见的连贯方法——相似词语连缀法,来指出战国时期"士"的精神力量和行动能力的强大,"彗星袭月""白虹贯日""仓鹰击于殿上"语意和结构相似,夸张地将自然界中的奇异现象与"士之怒"的刺客行为连贯起来,增强了"士之怒"的威慑力量。

---

① 薛城:《语篇学视域下的文本解读例析》,《教育研究与评论(中学教育教学)》2021年第5期。

再看断续连贯,《邹忌讽齐王纳谏》中,面对家人的奉承和客人的赞美,"忌不自信""自以为弗如""又弗如远甚",邹忌对自己有着清醒的认识,没有沉溺于"形貌昳丽"的自我陶醉中,得出理性的思考,并对齐王坦诚受蒙蔽的真话,连类譬喻,得出由"治家"到"治国"的道理,展现了自己的胸襟和睿智。一个"善"字,道出了齐王对国家形势的"真"认知、对身边情况的"真"判断、做出改变的"真"勇气,"三赏赐"和"三变化",使得齐国"战胜于朝廷",邹忌对自己的真认识、说真话的勇气,齐王对国家的真认知、纳谏后的真行动,形成了前呼后应、先断后续的连贯,清晰地建构了"问答"—"讽谏"—"纳谏"—"赏谏"—"行动"的叙事"语脉"。

三、借助成篇语境,领会语篇的史家文字和小说笔法

在先秦历史散文的阅读中,须关注语篇的价值。语篇的构造与语境有着密切的关系,先秦历史文化语境中,特定的史官文化,叙事、记言的思维方式等都影响着语篇的构造,在教学中应结合先秦社会文化语境,借助《战国策》选文的语篇分析,帮助学生领会语篇的史家文字和小说笔法。

从语篇内容来看,《战国策》不再是君主和臣子谈话、训示的"微言大义"的记录,也不再是历史编年叙事的编纂,而是谋臣策士对自己活动和生活的写照。如《秦策·卫鞅亡魏入秦》中,卫鞅由魏入秦,受孝公倚重,倡变法自强,致"兵革大强,诸侯惧怕",后遭车裂的人生经历,文虽不长,可视为卫鞅小传,不仅记述了卫鞅的遭遇,也反映了秦国乃至战国赫赫有名的"商鞅变法"历史,可见,《战国策》以记人为主,通过记述人物的行事来达到记叙历史的目的。综观《战国策》全书,所述人物繁杂,君主太后、谋臣策士,形形色色、各具风姿,例如《邹忌讽齐王纳谏》中,从"闺房小语"到"朝政大事",从"群臣进谏,门庭若市"到"虽欲言,无可进者",最终达到齐国大治,全文仅"燕、赵、韩、魏闻之,皆朝于齐"记叙历史,"游说之辞,铺张扬厉,洋洋洒洒,历史叙事则惜墨如金,点到即止,却是史家笔法"[①]。《战国策》的这些语篇特征的形成囿于当时的历史文化语境,战国时代是"凡有血气,皆有争心"的"大争之世",也是由"动乱"走向"统一"的"开创时代",以纵横家

---

① 侯文华:《先秦诸子散文文体及其文化渊源》,北京:中华书局,2017年。

为代表的策士谋臣纵横捭阖，《战国策》将一个人物的事迹集中在一篇文章中，不仅呈现出当时社会生活的重要侧面，还充分展现了战国的历史，同时也为后世以人物为中心的纪传体的成立开创了先例。

《战国策》的记事，已经摆脱史料的束缚，添加了虚构的成分，如唐雎者，全书出现多次，《魏策·秦魏为与国》中记载"魏人有唐雎者，年九十余"，显然与舌战秦王、保全安陵的唐雎难以判断为同一人，且《唐雎不辱使命》中唐雎"挺剑而起"也存疑问，《燕策·燕太子丹质于秦亡归》说："而秦法，群臣侍殿上者，不得持尺兵。"唐雎如何持剑朝见？再如《邹忌讽齐王纳谏》，邹忌两次窥镜，与妻、妾、客的三问三答，富于戏剧性，颇类寓言故事。可见，《战国策》为了展示人物个性，多用"小说"笔法，戏剧性的情节、铺陈夸张的语言、栩栩如生的人物形象，增加了叙事的文学色彩。鲍彪在《战国策注序》中说"其文辨博，有焕而明，有婉而微，有约而深，太史公之考本也"，可知，《战国策》不仅是《史记》纪传体语篇风格形成的"考本"，甚至《史记》某些史料直接取自《战国策》。

总之，《战国策》作为先秦历史散文的"新面貌"，已成为后世史传小说的重要源头，其不仅具有较高的历史价值，而且是学生领会前秦历史散文语篇特征的重要途径。教师要充分挖掘《战国策》语篇的文本价值，明确其交际功能，梳理其成篇功能，领会语篇的史家文字和小说笔法，深入引导学生领会《战国策》独特的语篇魅力。

"双减"背景下语文教师角色的新定位

随着"双减"的实施,如何抓住课堂的时间、提高课堂的效率成为众多语文教师的关注点。

近日,笔者见到了这样的公开课:老师走进课堂,宣布上课后,提出了两个问题,剩下的就是为学生传话筒,回答问题的学生说完,教师带着学生鼓掌。下课前,教师总结时说:"这堂课,大家充分发表了自己的想法,很多想法有独特的创造性,老师很满意。"课后,我与这位老师交流时,问他:"你同意学生的观点吗?""不同意。"老师说。"那你为什么不进行评价?"我追问道。他回答说:"'双减'课堂不是主张发挥学生的主动性吗,提高课堂的效率,激发学生的参与度,我怕自己说多了,学生就不说了。"我怅然了。

这堂课,老师成了"甩手掌柜",看起来,课堂充满了讨论,课堂的内容增多,但课堂的效率却很低,教师的这种"失语"、不作为,用严华银老师的话说,"一下子全线退出甚至自暴自弃,似乎是赌气式的撒手"。在"双减"背景下,教师在课堂中的角色定位究竟是怎样的呢?

传统观念认为教师是知识的传授者,学生是知识的接受者。《义务教育语文课程标准(2011年版)》指出:"语文教学应在师生平等对话的过程中进行。""阅读教学是学生、教师、文本之间的对话。"这包含着两层意思:一是教师要改变对文本和学生的态度,教师要由文本的传授者转变为文本的探索者、学生的对话者,而不是结论的提供者;二是教师在教学中要创造性地理解和使用教材。由此我认为在"双减"背景下,课堂中师生的对话,教师的角色定位应是学习任务群的设计者、对话中的点拨者、学生智慧的引发者。

一、学习任务群的设计者

传统的单篇阅读教学,教学环节大都采取问题式推动,后来,话题式教学风靡一时,但是学生在教学活动中参与兴趣不高,学习低效的问题一直存在。"'语文学习任务群'以任务为导向,以学习项目为载体,整合学习情境、学习内容、学习方法和学习资源,引导学生在运用语言的过程中提升语文素养。"①强调在课堂教学中,为学生提供"真实的语言运用情境"也就是王宁教授说的"课堂教学内容涉及的语境"②,用任务群驱动的方式来改变学生的学习状态,有助于深度学习的实现。学生在完成任务的过程中,实现对文本的深度阅读,因此,驱动性的任务群设计成为单篇阅读教学的首选。

怎样才能设计出"牵一发而动全身"的学习任务群?这就需要教师研读课文。陈日亮老师说过:"应该如何精心备好一堂课,当然包括'吃透'学生,尽量从学生的角度多了解,多设想,多做换位思考。"③好的学习任务群能有效地简化教学过程,彰显文本的核心信息。以笔者执教统编教材九年级上册《三顾茅庐》为例。

任务一 明晰"细节",镜头回放

请学生阅读《三顾茅庐》,选择自己印象最深的课文细节,说说自己喜欢的细节内容。

学生找出了"孔明午睡"的细节。教师指导学生明白:"课文中的细节"是由一组镜头(画面)构成的,"细节"是可以"放大"的,如"孔明午睡"细节中的动作画面:

仰卧──翻身──面朝里又睡──吟诗──翻身──问童子

任务二 定格"画面",说说你喜欢的细节镜头中一个最有魅力的画面,并尝试扩写

---

① 中华人民共和国教育部:《普通高中语文课程标准(2017年版,2020年修订)》,北京:人民教育出版社,2020年。
② 程永超:《"语文学习任务群"视域下教学转型的实践审视》,《语文建设》2022年第1期。
③ 王宁:《语文学习任务群的"是"与"非":北京师范大学王宁教授访谈》,《语文建设》2019年第1期。

教师即以学生找出的细节——孔明"睡醒吟诗"为例,指导学生对"画面"的品味:如"睡醒"后孔明的行为,其实孔明早醒,只是"装睡",这时的行为与"吟诗"是连在一起的。譬如:以手指天,轻摇羽扇,吟诵诗句,意显"大贤"志趣之雅。

"读写结合",请学生就这个细节,选一个"画面"写一写,并探讨、展示。这个环节重点是学生"读写"和教师的"点拨"。

任务三　创作"细节",对所描绘的画面作另一种创作

对比孔明"睡醒吟诗"的画面,创作另一个动作,如孔明睡醒要水喝,或者找扇子(这显然更符合一个夏天午睡者的正常需求)。

任务四　比较"细节",品析微妙

请学生比较两种细节设计:孔明"睡醒吟诗"与"睡醒找水喝"。

分析前:学生认为孔明"睡醒吟诗"是"闲适"之情的体现。

分析后明白:孔明所做的一切都是欲擒故纵,让玄德对自己深信不疑(脸朝里睡,未必睡着,可以直接观察"考验"玄德的耐心;翻身又睡,加大考验力度;醒来诵诗,尤其是诗的内容,体现自己是世外高人;问童子"俗客来否",明知故问,再塑自己隐士形象。孔明越是表现自己不愿出山,越是掩抑不住自己建功立业之志)。

设计的"学习任务群"不但整合了师、生、文本合作"对话"的过程,而且优化了课堂上的语文综合实践活动,激发了学生参与课堂学习的积极性,语文核心素养的培养也蕴含在其中:明晰"细节"指向"梳理和表达",定格"画面"是"读写结合",创作"细节"是高阶思维中的"创新思维"的"闪光",比较"细节"指向"阅读和鉴赏",本节课的"学习任务群"凸显语言的建构和运用,高阶思维的培养真正体现了"学习任务群以自主、合作、探究性学习为主要学习方式,是学生学习语文的根本途径"[①]。尊重学生的自主体验,倡导个性化的探究成果显现,精彩不断在课堂显现。

二、对话中的点拨者

所谓点拨,就是教师针对学生学习过程中存在的知识障碍、思维障碍与心理

---

① 陈日亮:《陈日亮语文教育思想初探》,《新语文学习》2006 年第 3 期。

障碍,运用画龙点睛和排除故障的方法,启发学生开动脑筋,自己进行思考与研究,寻找解决问题的途径与方法,以达到掌握知识并发展能力的目的。[①] 教师在合作对话时,要做一个高明的点拨者,善于听学生的"答话",随机引导,让学生开窍,启发引导学生自学。通过教师的点拨,问题的解决由几位学生讨论、回答,比教师直接给出答案更有意义。

叶圣陶说:"教师之教,不在于全盘讲授,而在于相机诱导。"而所谓"相机诱导"其实就是适时点拨。点拨者要"因材施教","材"不仅指学生个性的差异,也包括不同的文体。点拨者应根据"材"的不同,选择的点拨方法也要变化。教师的点拨更关键的是"因势利导","势"成为核心所在,这就要求教师在对话时,要把握好"机"与"时"。孔子说"不愤不启,不悱不发",也就是说的这样的道理。以笔者执教鲁迅先生名篇《故乡》为例。

执教《故乡》时,我在对《故乡》的人物形象分析后,从景物的角度提出问题:"鲁迅对'故乡'的景物描写有几次?"这问题拓宽了教学的内容,引发了学生的思考,指向深度阅读。

学生找出了三幅画面,即"眼前的故乡"是"萧索的荒村","回忆中的故乡"是"神异的图画","未来的故乡"是"在朦胧中想象的图景"。我追问道:"文本中对过去、现在和未来故乡的描写,是如何分别显现'神异''萧索''朦胧'的特点的?"目的是让学生找出课文中"萧索的荒村"与"神异的图画"的相关描写。学生答道:"'神异的图画'中的'沙地'是'碧绿的','天空'是'深蓝的','又挂着一轮金黄的圆月',对比'萧索的荒村'中又是'深冬''阴晦''冷风''苍黄','到处没有一丝活气'。"

这时我抓住时机,适时点拨:"这是一个多么阴晦而凄凉的现实!两者对照和比较,又反映了什么?"这个问题一下子激活了课堂,激活了学生思维。

学生说:"从'神异的图画'到'萧索的荒村'反映了旧中国二十年中国农民日趋破产的局面,写出了广大的农民过着悲惨的生活。""那么,写'神异的图画'又为什么呢,这是否意味着二十年前的中国农村就是一个美好的天堂?"我又问道。

---

① 蔡澄清:《重在点拨》,《语文教学通讯》1982年第2期。

这种比较阅读激发了学生"分析""综合""比较"的高阶思维能力，学生已突破对文本理解的思维界限，学生讨论后，回答道："鲁迅之所以写'神异的图画'，是为了与'萧索的荒村'作比较，更好地衬托出少年闰土的形象，突出中年闰土的变化，通过过去的故乡对比现实的故乡，思考这变化的根本原因，从而突出当时社会问题的深刻。"

本课例中的相机点拨，是教师的教学机智，也是课堂中自然的"生成"。通过教师的点拨，学生真正成为课堂的主体，教师是对话的点拨者、学生"深度阅读"的助推者。

三、学生智慧的引发者

《普通高中语文课程标准（2017版）》提出："增强形象思维能力。获得对语言和文学形象的直觉体验；在阅读与鉴赏、表达与交流、梳理与探究活动中运用联想和想象，丰富自己对现实生活和文学形象的感受与理解，丰富自己的经验与语言表达。"这就清晰地指出增强学生的形象思维能力、获得对语言和文学形象的直觉体验的重要。

部分教师对名篇"肢解式"的教学，对文本缺乏细读，对学生智慧缺少激发。我在执教朱自清先生的名篇《春》时，思考这篇经典散文该怎样教学，如何在情境化的阅读中提升学生的语文核心素养。课后习题二"课文读起来富有童趣，又带有诗的味道，清新、活泼、优美。你有没有这样的感觉？试找出一些段落细加品味，并跟同学、老师分享你的体会。"给了我灵感，于是我决定从朗读入手，通过朗读建构"真实的语言运用情境"，尝试"角色创新朗读"，让学生对"春草图""春花图""春风图""春雨图"有直觉的体验，增强形象思维的能力，演绎出《春》的美丽。

学生分小组讨论，说说该用怎样的情感基调去读"春草图""春花图""春风图""春雨图"。一生说：春草图应读得俏皮，春花图欢快，春风图轻柔，春雨图平静。一生说：春草图应读得活泼，春花图热烈，春风图欢快，春雨图滋润。一生说：……

师：根据对文本的理解和自己的生活体验，把握每段的情感基调，对你认为重要的字、词、句进行语气、节奏、情感上的处理。可以设计配上某种乐器或某支曲子,并说出自己这样处理的理由。

一生说:"春草多俏皮,'偷偷地''钻',不让别人知道,我认为应用俏皮的语气去读。乐器就免了,来一段口哨,最能表现小草的心情。"我说:"你就用俏皮的语气读一下,表现小草的心情。谁为他吹口哨伴奏?"结果有好几位自告奋勇者。少年亮丽的音色与轻松的口哨声交织出的是一丝情愫的颤动——那曾经的纯真、顽皮的童年。

一生说:"春花可爱,'散在草丛里,像眼睛、像星星,还眨呀眨的',我特别喜欢这个'眨'字,写出了花的鲜嫩,透着一股机灵劲儿,并向着你笑,我认为应该读出机灵与欢乐。"

有一位男生在别人说完春风温柔的特点后说:"春风图热闹,如'混''酝酿''呼朋引伴地卖弄''应和''嘹亮地响着',这一切都是春风催生的。春风吹又生,我认为应读得兴高采烈!"另一位男生表示不同意:"我认为开头应读得柔和,一切都在悄悄地发生,'抚摸''混''酝酿'应读得轻声柔缓,背景音乐可以配上舒缓的小提琴曲。从'鸟儿将巢安在繁花嫩叶当中,高兴起来了'才可以激动起来,尤其是'呼朋引伴地卖弄清脆的喉咙'应读出一分热烈、一分兴奋,可以加入钢琴热烈的音符,对了,还有笛子嘹亮、悠远的声音。"我请学生现场朗读,第二种处理意见的朗读效果不错。

在理由的陈述中,突出强调情感的体验和词语的品味。将朗读、品析、设计融为一体,学生扮演了设计者、实施者的角色。学生这样去解读、品析文本,兴趣盎然,对《春》进行了一次全新的诠释。

朱自清先生笔下的《春》既是一篇抒情散文,又像一首诗。《春》的"创意朗读"的设计,就是让学生以"读"走进文本,通过诵读,张开学生想象的翅膀,在头脑中再现文中描绘的春景,感受大自然的蓬勃生机,唤起学生的情感体验,从而找到《春》的人文蕴涵:春天展现美丽的世界,春天带来崭新的希望。

教师就是学生智慧的引发者。《课标》提出"让学生在个人体验、社会生活和学科认知等特定情境中完成不同任务,以呈现学生语文素养的多样性表现"。学生个人体验情境、社会活动情境、学科认知情境是《课标》中提到的三种主要情境,具体到《春》的朗读,还包括"文本情境"。适合的情境应指向具体学习目标的达成,指向"语言的表达"这一语文学科核心素养的培养。教师通过"创意朗读",引导学生在适合的情境中,读出"春草图的俏皮""春花图的热闹""春风图的欢快""春雨图的滋润""迎春图的生机勃勃",学生的智慧彼此分享、碰撞和交流,实现深度会谈,达到对《春》的理解和体验,实现让学生知识提升、思维深化、体验丰富、方法积累、人文蕴涵的目标。

随着义务教育语文新课标的颁布,初中语文新课改的大幕即将拉开,在"双减"的大背景下,教师角色的新定位引人深思。

指向学生思维能力培养的语文教材插图的利用和"二次开发"

统编教材已实施多年,教材插图的使用出现了不少问题,如教师重文轻图,对教材插图缺乏教学意识,插图使用简单,任务情境简陋,以至于学生对教材插图缺少关注,读图能力低下,图文转换方法不足,造成插图弃用的现状。细品问题的所在,关键是忽视了利用教材插图发展学生的思维能力。

《义务教育语文课程标准(2022年版)》(以下简称"新课标")提出了"语文核心素养",包含"文化自信、语言运用、思维能力和审美创造",新增的一项就是"思维能力",是指"学生在语文学习过程中的联想想象、分析比较、归纳判断等认知表现,主要包括直觉思维、形象思维、逻辑思维、辩证思维和创造思维"。

统编初中教材插图是重要的教学资源,与课前"预习"、"旁批"、"阅读提示"、课后习题等共同构成了语文教材课程资源的助读体系,教材插图主要有人物肖像类、故事场景类、景物实物类、书法美术类等,不仅对教材文本起到补充或助学功能,还承载着语文学科核心素养培养的重任,重视教材插图使用中"思维力"的培养,利用和"二次开发"教材插图资源,充分发掘教材插图的隐含信息,搭建学习支架,助力学生对文本的深入理解,促进插图和课堂教学深度融合,拓宽教学路径,生成新的教学空间。下面笔者就如何有效运用教材中的插图来发展学生的思维能力,谈谈自己的做法和体会。

一、以图为"媒",畅联想和想象力生成

联想是由一事物想到与之相关的另一事物,而想象是在头脑中创造的未曾有过的新形象,它们都是人类特有的思维活动,是形象思维主要的认知表现。

1. 按图"联"文

联想是事物之间建立关联的一种心理活动,事物之间的关联是相近或相似的,古语"叶落知秋",由"落叶"感知"秋"的凉意,"秋"就是"叶落"的联想力"生成",教材插图是特殊的文字符号,比文本文字传递的信息更加直观、丰富、生动,因此,在教学中,要借助插图来展开联想、构建文本语境,品析语言,拓展生成文本解读空间。

如老舍名篇《济南的冬天》,文中说:"在北中国的冬天,而能有温晴的天气,济南真得算个宝地。"为了帮助学生更好地理解"温晴"的含义,教师让学生欣赏教材插图,设置如下任务:"班级举行'国庆'朗诵会,你负责设计节目单,选择了《济南的冬天》插图为背景图案,尝试配上标题,小明拟的是'雪霁初晴图',小海认为'雪后斜阳图'好,请你选择,并说出理由。"这个任务是以文本插图为语境,按图"联"文,对课文内容进行梳理和整合,以"图"促进对课文的深度学习,在情境中感悟"雪霁初晴"所表现出的"温晴"特点,"矮松""花衣""薄雪""秀气""卧着""水墨画"都是这一奇迹的具体体现,结合插图,以"雪霁初晴"联想济南冬天"温晴"的美,凸显出其无限生机和冬天里孕育着的朦胧春意,按图"联"文,学生从"解读"插图开始,获得个性化的审美体验,然后带着审美体验去阅读文本,理解文字后面的审美意蕴,丰富学生的审美品位,为其审美创造力的提升生成了思维训练的空间。

2. 以图"想"文

想象是以现实世界为基础,对已有的生活表象进行分解、重组、变形,然后在头脑中再创造的一种思维方式。黑格尔说过:"最杰出的艺术本领就是想象……想象是创造的。"[①]教师基于课文,设计插图情境,启迪学生想象,把图转换成文,因学生个体对插图的鉴赏、文本的阅读、自身语言经验的差异,以图"想"文,就为学生想象能力的提升提供了发展的空间。

如教读寓言《愚公移山》,教材"积累拓展"习题:以课文相关内容为基础,发挥想象,为"愚公与智叟辩论"写一个片段。写二人辩论,要依据文本中的对话,

---

① 黑格尔:《美学》(第一卷),朱光潜译,北京:商务印书馆,1982 年,第 156 页。

展开合理想象,并适当添加人物的动作和表情,"河曲智叟"是"笑而止之""亡以应","愚公"是"长息",文本中"辩论"场景简略,旁观"荷担者"、"遗男"的反应省略,文本的"留白"之处就给了学生想象表达空间,利用教材插图,巧设二人辩论的语境,引导学生走进"移山"情境,唤醒学生的认知体验,近距离想象二人对话、旁人反应,把插图和语言表达相结合,以写促读,有助于学生深入把握愚公的艺术形象,认识和理解中国古代劳动人民改造自然的伟大气魄和坚强毅力。

3. 图融"联"、"想"

叶圣陶先生说:"好的插图是语文教科书的有机组成部分,它能够增强课文的感染力。"[①]教材插图是文本内容的"外化",在教学中,将插图与课文、课堂教学三者深度融合,教师不仅要以文本语言去"联"插图内容,把握插图的画面、构图、意蕴特点;还须借助插图,贯通文本的"联想"和"想象",感知文本的内容和主旨,实现插图对课文的助读作用,指向文本的深度阅读。

如笔者教读安徒生的童话《皇帝的新装》,先让学生观察文本插图,完成如下学习任务:(1)小讨论:皇帝明知被骗,依然摆出更骄傲的神气,内臣托着并不存在的后裙,老百姓也因为怕别人说自己愚蠢都在说假话,现实生活中有类似的现象吗?你觉得这样的联想合理吗?(2)小练笔:孩子说真话揭开了骗局,想象并续写孩子游行大典举行完毕后的故事,要求:人物性格与之前相符,故事发展和情节设计要合情合理。

"想象"体现了童话荒诞与合理的本质特征,"联想"揭示了童话通过形象群体来反映具体社会生活模样的具象象征。插图呈现的是童话的结尾,谎言已被揭穿,但皇帝"更骄傲"、内臣"依然托着",看似不合理的逻辑凸显更大的"荒诞",依据插图"皇帝参加游行大典"设计情境化的驱动任务,在讨论中让学生明晰童话情节的虚构要符合生活的真实,联想要映现合理中的现实,在"续写"中让学生体会童话想象的讽刺意蕴和现实意义,图融"联"、"想",有利于深度学习空间的形成,学生从讨论和写作的维度丰富了对"自欺欺人"的皇帝、虚伪自私的大臣、说真话的孩子等文学形象的理解,获得对课文主旨"讽刺虚伪、永葆童心"的

---

① 中央教育科学研究所编:《叶圣陶语文教育论集》,北京:教育科学出版社,1980年,第138—139页。

感悟。

二、以图为"介",助比较和整合生成

比较、整合是思维能力的具体认知表现,新课标指出"教师要积极利用和开发各类课程资源"①,比较、整合插图是教师对教材插图资源的"二次开发",形成新的教学空间,帮助学生识别文本隐性信息,辨析文本的态度和立场,从而达到提升思维品质的作用。

1. 相同文本的教材插图整合和比较

统编教材九下《曹刿论战》的插图选用了长勺之战中战场的画面:刚经历了一场激烈大战,齐军败退,"辙乱"、"旗靡",曹刿与鲁庄公同乘一车,远眺齐军。

相同文本人教版《曹刿论战》的插图选用的是曹刿论战的画面:曹刿挺身而出,从容站立,向鲁庄公娓娓谈论战场用兵谋划的场景。

笔者执教本篇时,整合设置了如下的问题链:(1)请学生比较这两幅插图,说说它们的不同之处。(2)结合文本和《左传》的文体特点,选出最适宜的插图,并谈谈理由。

学生通过观察发现,统编版插图以交战为主,战争场面充满整幅插图,突出战争经历;人教版插图以"论战"为主,通过曹刿与鲁庄公的对话,突显曹刿的高超谋略,更符合《左传》叙事的特点。通过比较,学生对插图中的人物、画面、文字有了自己的感悟:《曹刿论战》详写曹刿献策、论战、鲁庄公纳谏,略写交战,叙事重原因揭示、轻战争经历,彰显了《左传》"资鉴劝惩、教育世人"目的。在教学中,借助插图激趣生疑,通过问题链鼓励学生比照图文,找不同,说理由,这种整合、递进式的探究,让学生思维在图图、图文之间转换、比较,引导学生理解插图背后的文本体式和主旨意义,提升学生的思维品质。

2. 单元文本的教材插图整合和比较

新课标倡导"学习任务群教学","任务群"可以是统编教材的一个单元,将单元内的不同文本的教材插图进行适度整合,依据单元大概念设置生活情境,运用

---

① 中华人民共和国教育部:《义务教育语文课程标准(2022年版)》,北京:人民教育出版社,2022年。

比较思维展开学习过程,注重核心素养的培养,实现深度学习。

如统编教材八下第一单元是民俗单元,大概念是民俗文化,感受丰富多彩的民俗文化魅力,理解民俗的价值和意义。笔者设置生活情境如下:学校近期筹办"课本中的民俗"展览,小苏老师是布展人,请你帮助老师整理本单元的民俗文化,为展览提供有用的素材。

任务一 感受民俗之魅

活动1:小苏老师想以图片的形式来展现"社戏"和"安塞腰鼓"等不同地域民俗文化,请你结合教材插图和文本内容各写一段解说词(100字左右,解说词注重说明性的阐述)。

活动2:请你根据解说词要注重说明性的阐述的要求具体评价解说效果,可利用下面的评价量表来完成。

解说词评价表

解说维度	解说内容	解说效果
民俗的特征	☆☆☆☆☆	☆☆☆☆☆
说明的顺序	☆☆☆☆☆	☆☆☆☆☆
说明的方法	☆☆☆☆☆	☆☆☆☆☆
说明的语言	☆☆☆☆☆	☆☆☆☆☆

任务二 感受民俗之美

小苏老师想设置"民俗之美"的视频展示,需要具体的物象来展现,请结合文中"看社戏"插图,补充完成《社戏》脚本,并从本单元的其他课文中另选一个能表现其民俗特点的物象来编写拍摄脚本。

示例:《社戏》

物象:戏台

背景:灯火、渔火、河道、交错停放的乌篷船和白篷船、皎洁的月光

镜头一:幽蓝的天空中挂着一轮皎洁的月亮,月下有起伏的淡黑的群山,河岸上的是散发着香气的豆麦田,镜头逐渐拉近,一条航船激起雪白的浪花,就像一条大白鱼背着孩子在浪花里窜。

镜头二:近处戏台＿＿＿＿＿＿＿＿▲＿＿＿＿＿＿＿＿。

编写意图：_____▲_____。

有学生在镜头二处写道：近处戏台上老旦坐在一把交椅上咿咿呀呀地唱，周围的听众不停地打着瞌睡，镜头逐渐拉伸，戏台逐渐变小，航船上的小伙伴有的打呵欠、有的吁气，双喜熬不住了，提议大家回去。编写意图中说：《社戏》插图中"戏台"物象，作为媒介连接起夏夜的优美景色以及孩子们划船的经历，让人体会到"我"难忘的不是社戏，而是农村的自然风光和乡间的自由快乐的生活，进而体会到写社戏这一民俗只是为了抒情的需要。

在单元整体设计中，整合阅读和写作，看图写文、图文转换、读写融通，在拟写解说词和脚本的过程中，学生把单元内不同插图和文本、插图与插图进行整合、比较、鉴赏，进而生成广阔的思维空间和个性化的审美空间，然后运用多样的成果形式呈现自己独特的思考和体验。

三、以图为"据"，促质疑与判断生成

质疑与判断是理性思维方式的体现，是人类的认知和心理活动的反映，统称为批判性思维。美国学者格拉泽尔提出："批判性思维是态度、知识、技能的综合体，一个具有批判性思维的人必须有质疑的态度、逻辑推理知识以及分析、综合和评价的认知技能。"[①]新课标也提出："思维具有一定的敏捷性、灵活性、深刻性、独创性、批判性。"[②]可见，批判性思维属于高阶思维，教学中，可以图为"据"，生成批判性学习空间，培养学生的质疑和判断能力。

1. 图文相"反"

统编教材有的插图与课文内容不完全符合，教师可借助插图，巧设问题，生成质疑空间，培养学生的批判性阅读能力。如史铁生的名篇《秋天的怀念》，文本用一个个平凡的细节，诠释了母爱的伟大，抒发了作者对母亲的怀念，有的学生初读后，对教材插图中史铁生的"微笑"提出疑问，认为插图的"微笑"与文本中作者对母亲的"愧疚"之情不符，甚至图文相反。这种疑问恰是教学意义的所在，笔

---

① Edward M. Glaser. An Experiment in the Development of Critical Thinking[M]. New York: Advanced School of Education at Teachers College, Columbia University, 1941.

② 中华人民共和国教育部：《义务教育语文课程标准（2022年版）》，北京：人民教育出版社，2022年。

者趁机布置了一场"微讨论",题目是:插图中作者的"微笑"与课文的主旨一致吗?学生畅所欲言,抓住课文中两次出现的"好好活",认为作者在追悔往事的悲痛中,领悟母亲"好好活"的生命真谛,这才是母亲的希望。插图体现了文本主旨:无论遭遇怎样的厄运,都要活出尊严,活出幸福和美丽。笔者引导学生通过讨论、质疑和判断,进行观点的交流和思维的碰撞,有利于学生批判性思维的形成和发展。

2. 图文相"疑"

部分教材插图创作时存在图像或人物表达不清晰之处,教师可利用插图,设置话题,生成探究空间,通过质疑和判断,理解文本内涵。如七下李森祥的小说《台阶》,为了引导学生理解以文中"父亲"为代表的将造"有高台阶的新屋"作为人生理想的一类农民"父亲"的形象,特别是造好新台阶后父亲的"不自在",笔者设置了一个话题:教材插图中,父亲坐在新屋的哪级台阶上看不清楚,请同学们结合文本,判断父亲会坐在新屋的哪级台阶上感觉自在,并说明理由。在教学中,笔者想通过这个话题的思考和判断,让学生认识、理解父亲的"反常"。与"正常"相比,"反常"是小说人物矛盾性格的体现:父亲嫌台阶、造台阶、坐台阶、坐门槛,父亲的"反常"具有戏剧性、故事性,容易产生探究的教学空间,激起学生的质疑和判断,形成话题的思维导图。

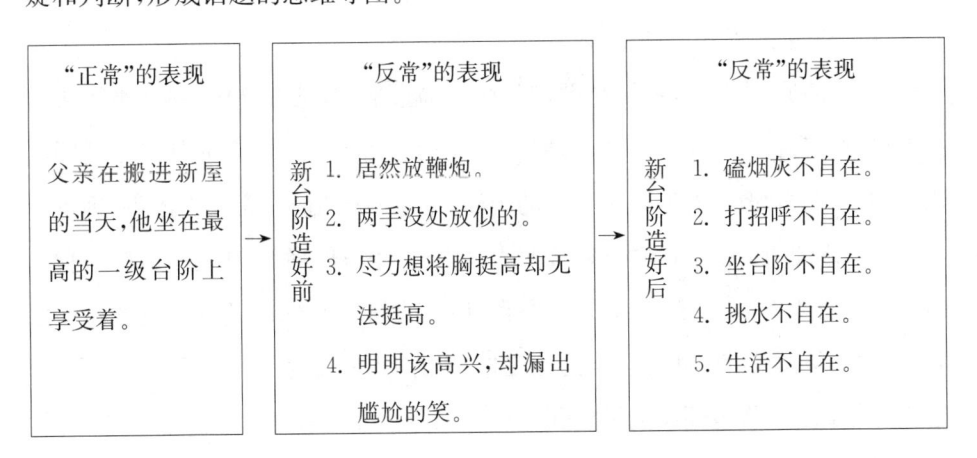

"正常"的表现	"反常"的表现	"反常"的表现
父亲在搬进新屋的当天,他坐在最高的一级台阶上享受着。	新台阶造好前 1. 居然放鞭炮。 2. 两手没处放似的。 3. 尽力想将胸挺高却无法挺高。 4. 明明该高兴,却漏出尴尬的笑。	新台阶造好后 1. 磕烟灰不自在。 2. 打招呼不自在。 3. 坐台阶不自在。 4. 挑水不自在。 5. 生活不自在。

父亲的"不自在"在小说的结尾处,作者将其归为"父亲老了","这几乎是乡

村农民最为真实的一个结尾"①,是理想实现后"若有所失"带来的"迷茫"。图文相"疑",以"疑"助学生理清小说"情脉",培养学生的批判性思维。

四、以图为"具",激创造性思维生成

创造性思维是指在文艺创作、科学发展或技术革新等创造性活动中所特有的思维过程②。文学阅读是培养学生创意的重要源泉,以图为"具",深挖插图内涵,衔接插图和文本,生成创意教学空间,激发学生的创造性思维能力。

1. 深掘插图内涵,衍生创意思维

鲁迅曾说过:"书籍的插图原意是装饰书籍,增加读者的兴趣,但那力量,能补助文字之所不及。"③插图是课文内容的"聚焦",以图为"具",深掘插图内涵,不但有助于学生对文本内容的深度理解,而且可以帮助学生发现文本信息的新关联,归纳和推断出隐含信息,整合和创新教学设计,促进创新思维的形成和发展。

如笔者执教《三顾茅庐》,让学生欣赏教材插图"孔明午睡",完成如下学习任务:(1) 阅读文本,捕捉一组"孔明午睡"镜头;(2) 定格画面,扩写镜头中孔明睡醒吟诗的画面;(3) 改写创作,对所扩写的画面另构一种可能;(4) 比较得出结论,品析"孔明午睡"细节的微妙。

《三顾茅庐》中经典细节是"孔明午睡",通过插图,捕捉孔明午睡"组镜头":面朝里睡—翻身—又睡—吟诗—翻身—问童子。学生可以形象感知隐士孔明的连续动作,扩写、改写孔明睡醒吟诗的画面,是为了从人物反常之处入手,训练学生创意思维能力,比较细节之妙,按照人之常情,午睡后喝水、找扇子,都很自然,但这里孔明的午睡不是一次寻常的昼寝,他在前面两次外出、避而不见的考验之后,要对刘备做最后一次考验。这也是"三顾茅庐"的高潮部分。所以,配合"醒来吟诗"的细节,作者还设置了"面朝里睡""翻身又睡"等细节,这是"孔明午睡"

---

① 人民教育出版社课程教材研究所中学语文课程教材研究开发中心:《义务教育教科书教师教学用书·语文(七年级下册)》,北京:人民教育出版社,2019年,第165页。
② 朱智贤主编:《心理学大词典》,北京:北京师范大学出版社,1991年,第79页。
③ 鲁迅:《鲁迅全集》第四卷 南腔北调集》,北京:人民文学出版社,2014年,第895页。

插图隐含信息的显现:脸朝里睡,未必睡着,可以直接观察"考验"玄德的耐心;翻身又睡,加大考验力度;醒来诵诗,尤其是诗的内容,体现自己是世外高人;醒问童子"俗客来否",明知故问,再塑自己隐士形象。孔明越是表现自己不愿出山,越是掩饰不住自己建功立业之志,教材插图所展示的"醒来吟诗"的细节表现孔明对"大梦"的"觉知",对未来人生的设计,这组基于插图的任务链,将插图和文本结合,帮助学生形成思维的独创性,丰富了学生对孔明这一人物的认知。

2. 妙用插图对话,共生创意实践

"教育在本质上是一种特殊的交往活动",而"交往的重要展开形态和灵魂是对话"。① 教材插图是学生与文本之间对话的"媒介",是学生解读文本、把握主旨的"助力",妙用插图,巧设"对话",生成教学创意,通过创意实践,更深地理解文本内涵。

如笔者教读《孔乙己》,让学生欣赏丰子恺先生绘就的这幅插图,完成如下学习任务:(1) 请给孔乙己绘制肖像画或为课文创作插图(鼓励原创,可以临摹)。(2) 插图中的店招"群贤毕至",文中"看客"配得上这个称呼吗?说说理由,并试着给"少年看客"——小伙计画个像。

以图拟文、以文绘图、图文并用都是引导学生巧用插图与文本的"对话","为孔乙己画人物肖像",是借助插图任务,驱动学生走进文本,结合课文具体描写,了解"孔乙己是一个怎样的人"。学生通过巧妙构思,呈现孔乙己"横截面"肖像,如外在特征:穿长衫、衣服破旧、头上皱纹夹杂着伤痕、乱蓬蓬的胡子等;人物表情:尴尬的笑、清高自傲、颓唐懒散等;人物形象:关心小伙计、关怀孩子、热心、善良等。绘画成为学生阅读文本、与文本"对话"创意实践的方式。

"为看客画像",有多种"画法",讨论、比较是通过语言来画像,将"短衣帮"、"长衫客"、掌柜、"我"这些"看客"的所想所为与插图中的"群贤"对照,认清"看客"的嘴脸:看客是残忍的,是为了自己的畸形快乐,并不在意对别人的伤害;看客是冷漠的,对暴力的漠视也就是对暴力的纵容;看客是麻木的,置身事外、自欺欺人的麻木……绘画是借助图像来表现,笔者希望知道这个"少年看客"在学生

---

① 叶澜:《教育研究方法论初探》,上海:上海教育出版社,1999年。

心中是怎样的形象,他们会以怎样的"构图"来呈现自己心中对小伙计的"憧憬"。

巧借插图,展开"对话",利用"为人物画像"这一创意实践,整合插图的视觉资源与课文的文字资源,实现语文与美术跨学科融合,促学生创意思维能力的生成。

以教材插图和文本为资源、以问题为导向、以思维能力为核心的教学,是新课标倡导的"素养型"教学理念,笔者将在以后的教学中,多角度开发、丰富教材插图资源,充分挖掘插图隐含信息,整合和优化插图的内容选择,有效提高学生的思维能力,从而推动语文学科核心素养的"落地"。

语篇分析视域下的微探究教学策略研究
——以《猫》的教学为例

微探究是指在语文教学中,设计具有高思维、有价值、可探究的"微任务",引导学生通过解决问题来提升语文核心素养的教学方法。语篇分析是"语言使用者通过具体的外在言语形式来表达和传递自己内在的情感和意图"[①]。基于语篇分析的文本解读就是:通过语篇分析,实现文本的交际功能,整合文本的语言结构与内在形式,探讨文本主题与语言表达的关系。在微探究教学中,加入语篇分析理论,对课文解读常有新的思考,对阅读教学将会提供新的视角,微探究就会凸显价值,助推文本阅读教学走向深度学习。

基于语篇分析的微探究教学路径是什么?语篇衔接视角下的《猫》解读路径是怎样的?语篇分析视角下《猫》的微探究教学如何实践?本文以《猫》的教学为例,尝试为阅读教学提供新的视角。

一、基于语篇分析的微探究教学路径

传统阅读教学,墨守于"字—词—句—段—篇"的静态、固化的教学流程,割裂了文本阅读的整体性、统一性,忽视了选文是作者情感的诉说和表达,具有动态交际功能的特点,导致教学的低效、无效。系统功能语言学的创建者韩礼德认为语篇是人们使用语言构组言语的过程和结果[②],语篇注重文本语言要素的组合方式,具有鲜明的交际性、整体性。语篇分析突出了语篇的交际功能,重视文本人脉、情脉、语脉的贯通,关注文本表情达意的作用。

---

① 薛城:《语篇学视域下的文本解读例析》,《初中语文教与学》2021年第11期。
② 田海龙:《语用学与语篇研究》,《外语教学》2001年第2期。

基于语篇分析的文本解读既重视了"语"和"篇"的整体性,也关注到语篇内部语脉的连贯性和语体结构的层次性,还关注到语义、语形的交际作用。

"语"和"篇"的整合,聚焦语脉,不仅注重选文的文体、语篇结构、文本主旨,还借助"微探究"读懂写作意图、编者选入意图;通过语篇衔接,将词、句、段、篇贯通,突出语脉的连贯,加深对语篇的语言风格、层次结构、文本细节等的理解。

"语"和"篇"的分析,聚焦深度学习,借助语篇分析,借助"微探究"教学,从整体解读文本,提炼能牵一发而动全身的关键问题,通过探究、解决关键问题,帮助学生增强整体语篇分析能力、具体言语信息鉴赏能力,揭开语篇的信息编码,还原作者写作时的言语智慧、思维水平、审美情趣,在探究过程中体验深度学习。

"语"和"篇"的互摄,聚焦交际功能,"语篇是试图实现某种交际功能的语言实体"[①]。交际功能体现在语义、语形、交际三个层面:语义层回答"我是谁""说给谁听""想表达什么",有着清晰明确的身份意识、主题意识;语形层回答"我如何表达的""我需要如何表达",凸显鲜明的语体和语形特征;交际层回答"我为什么要这样表达""这样的表达好在哪里",探讨语篇的语用技巧和审美意蕴。这与"微探究"教学的"写了什么""为什么写""怎么写"相契合,"语""篇"互摄,通过"微任务",加深对文本内涵的理解,优化阅读教学过程,促进学生言语构建能力的提高。

二、《猫》语篇衔接视角下的微探究解读路径

语篇衔接是指"篇章中表达小句间和小句以上单位意义联系和把语境与语篇联系起来的谋篇意义",语篇衔接能够清楚显示文本内的句子和具有交际功能的篇章之间是如何建立起关联的,一般有指称、省略和替代以及词汇衔接等,巧借语篇衔接来解读文本,有助于加深学生对文本的理解。

1. 指称衔接

指称衔接是指"在一段话或语篇中,某一成分与它所指称的成分之间相互释义,共同构成一个类似的概念",指向"语义"层。同一个词、人或同一个事物被反

---

① 贡如云:《语篇学视域下的语文教学改造》,《课程·教材·教法》2017年第8期。

复提及称为回指,在应该出现回指词的地方用零代词代替,则称为零形回指。具体语篇中,回指所组成的指称链呈现连续性,帮助读者明晰语篇的指称关系,更好地解读文本。

《猫》是郑振铎先生的名篇,其篇章中的指称链多处运用,如:

想到它的无抵抗的逃避,益使我感到我的暴怒,我的虐待,都是针,刺我良心的针!

该语句中,作者用指称链聚焦忏悔的内心,"我"冤枉了第三只猫,自己的行为导致了它的死亡,所有的信息为"我的忏悔"服务,塑造了一个"对生命的尊重和善于自我反省"的知识分子形象,学生通过对这一指称链的阅读,可以读出"我"对弱势生命的独特感悟、对生命平等的觉醒。

2. 省略和替代

省略,是篇章内部句子或小句中基本结构的缺省。读者可通过文本语境找出缺省内容,为文本解读提供依据,省略不仅可以衔接前后语句,还能使文句简洁、情感丰厚;替代,是在篇章中用某些词语代替上文中出现的语句,以简代繁,使语句连接紧密,强化省略和替代后的内容。如《猫》中的:

我很愤怒,叫道:"一定是猫,一定是猫!"于是立刻便去找它。

妻听见了,也匆匆地跑下来,看了死鸟,很难过,便道:"不是这猫咬死的还有谁?它常常对着鸟笼望着,我早就叫张妈要小心了。张妈!你为什么不小心?!"

这是"猫吃鸟冤案"的开篇,"我""妄下断语":咬死芙蓉鸟的"一定是猫"。此句中主语运用了省略,省略的"咬死芙蓉鸟的"写出了"我""主观臆断",强化了"我"后文的愤怒,妻所说的"不是这猫咬死的还有谁?"也省略了"咬死芙蓉鸟的"这一主语,不仅"猫"受冤,连张妈也被"叱责",这两处的省略增强了情感的表达,构成阅读焦点:猫蒙冤、张妈受委屈,他们都是弱小者,都是被侮辱被损害的对象,这两处"臆断",渗透着对人性的反思。

3. 词汇衔接

词汇衔接即同现和复现。同现是篇章中反义或互补的词汇集中指向共同概念或主题;复现指的是某个词以本词、同义词、近义词等形式反复出现在语篇中,衔接语句和篇章。如《猫》中对第三只猫初到"我"家的叙述:

> 不好看
> 伏着不去
> 不大喜欢它
> 不活泼
> 也不喜欢玩游
> 不加注意
> 仍是一只若有若无的动物

连用六个"不",写出"我"对它的嫌弃、厌恶之情已先入为主了,如此嫌弃,为何对第三只猫的亡失,"我"更难过得多呢?本文叙述的是普通家庭琐事,可文章在"脉脉温情"的语言中却"轻笼"着"哀愁",这里的"复现"衔接写出了哀愁最浓处:"若有若无的动物"。

三、《猫》语篇分析视角下的微探究教学路径

《猫》的结尾句"自此,我家永不养猫了",这是全文的"文眼",一个爱猫的家庭最终"永不养猫",其间发生了什么事?为什么"我永无改正我过失的机会了"?笔者将这个问题作为《猫》教学的"微任务"来实现教学过程的优化,这也是"微探究"教学的真正价值所在。

探究"我家永不养猫"的内涵,贯穿全文,问题小,内涵深,笔者设计"微探究"方案时,引入语篇分析,希望通过还原文本的交际功能,展示文本的动态生成,由浅入深、由易到难,读出文本的核心价值。

首先,是语义层,要清晰语篇"写了谁"、"写了什么",在这个层面,可设计三

个问题：

1. 文中写了几只猫？它们的遭遇是怎样的？谁是"不幸者"？
2. 第三只猫有哪些不幸？
3. "我"家三次养猫的经历是怎样的？"我"的思想、情感有着怎样的变化？

第一个问题，很明白，文中写了三只猫，特点不同，命运各异：第一只病死，第二只亡失，第三只"冤死"，同样的不幸，第三只猫"冤死"是更大的不幸。第二个问题，通过对文本的梳理、讨论，明确：第三只猫的不幸，是因为它不好看、不活泼、天生的忧郁，于是黄鸟的死被家人认定是"猫吃鸟"，"我"的妄断、"我"的追打，导致它"冤死"在邻家屋脊上。第三个问题，从"我"的视角看：第一只猫活泼，让人"心上感着生命的新鲜与快乐"，后来病死了，带给"我"的是"一缕酸辛"；第二猫更活泼，到处乱窜，亡失了，路人"损人利己"的捉猫，周家丫头的"不闻不问"，让"我"怅然、愤恨；第三只猫，不讨喜、"若有若无"的存在，妻的武断、"我"的"惩戒"、李妈的旁观，猫的"冤死"，让"我"愧疚、悔恨，"我永无改正我的过失的机会了"。

语义层的语篇分析注重"语"和"篇"的整合，三个问题的设计和回答都对准"篇"的整体，落点在"语"上，第一、二个问题紧扣"猫"，第三个问题聚焦"人"，凸显小说文体特点。《猫》的文体一直存在争议，有"散文"说，有"小说"说。《猫》最早选入1928年出版的短篇小说集《家庭的故事》，排在首篇，郑振铎先生在自序中写道："我写这些故事，当然未免有几分眷念……它们并不是我自己的回忆录，其中或未免有几分是旧事，却决不是旧事的纪实，其中的人物更不能说是真实的。"由此，可以判定这篇文章应是一篇小说，是散文形式的小说，厘定《猫》的小说特征，又从篇章的整体上梳理了《猫》的信息结构，第三只猫的悲剧显示了小说的主旨，正是它悲惨的结局，引发"我"内心的震撼，准确把握"我"前后情感变化，领略文本内涵的丰富。

其次，从语形层来品鉴，弄明白文本是"怎样写的"，结合小说《猫》的语体特征和鲜明的语形特点，设计了五个问题：

1. 文本是如何写第三只猫的？
2. 如何写"我"和妻子的？

3. 如何写三妹的？

4. 如何写张妈的？

5. 如何写李妈的？

通过师生、生生讨论后明晰：

（1）第三只猫是捡来的，在家中是"若有若无的"，"常蜷伏在母亲或三妹的足下"寻求关爱却依然是个失爱者，只因"常常跳在桌上，对鸟笼凝望"被家人妄断为吃鸟的凶手，冤死在邻家屋脊上。"蜷伏"可以看出它对家的渴望，"邻家的屋脊"可以推断它死前依然注视着"我家"，第三只猫对"我家"有着亲情的归属。

（2）"我"和妻是悲剧的主要制造者，"我"和妻的"妄下断语"使猫成了被冤枉者，"我"的"惩戒"导致了猫的死亡，当"我"知道自己冤枉了这只猫，猫的死亡让"我"无法补救自己的"过失"。

（3）三妹是喜欢猫的，第一只猫的死，让她很"难过"；第二只猫的"亡失"，让她"很不高兴"；第三只猫的"不讨喜"，让她"没有对前几只小猫那样感兴趣"，因此，当"我"认定猫吃鸟后的"畏罪潜逃"，三妹在楼上叫道："猫在这里了。"这时，她和众人一样，认定猫是凶手，她的指引，"我"的追打，猫的悲剧，她是猫悲剧的引路人。

（4）张妈是沉默的目击者，第三只猫是张妈拾来的，"芙蓉鸟被吃"的"报案人"，"是什么东西把它咬死的？"写出了张妈的疑惑，"我"的两个"一定"认准是猫吃的，妻子"责难"猫的同时，甚至连张妈一起"斥责"："张妈！你为什么不小心？！"两个感叹句显示着妻的愤怒，张妈"默默无言"。

（5）李妈是冷漠的旁观者。"猫，猫！又来吃鸟了！"一个"又"字渗透出许多信息：李妈曾经目睹"黑猫吃鸟"的真相，却在"我"冤枉猫甚至"惩戒"猫时，选择了冷漠和旁观，猫的"冤死"，"我"无法补救的"愧疚"，李妈的冷漠是另样的"推波助澜"。

这五个问题，分别从猫、"我"、妻、三妹、张妈、李妈的视角来写，基于"语"，巧借"形"，"篇"中文脉、情脉、语脉在"微探究"中彰显。

再者，从语篇的交际功能来探究文本"为什么要这样写"，师生讨论后，明确了"我家永不养猫"的内涵。

（1）"我"眼中的第三只猫：对"家"眷念的猫，它本是只流浪猫，被"我家"收养，有了家的温暖，"蜷伏"在家人足下，寻求亲情，被冤枉、被"惩戒"，依然躲在"邻家的屋脊上"，注视着家的方向，想回家而不敢回家，"我"因为它不讨喜而漠视它的存在，因它常常望着鸟笼，就"武断"认定它的"罪行"，知道真相后，作为知识分子的"我"，良心的"刺痛"，"我们的猫"死在"邻家屋脊"的悲哀，"永无改正我过失的机会了"的愧怍，"自此，我家永不养猫"是一个知识分子对被侮辱、被伤害的生命的尊重，对生命平等意识的觉醒。

（2）三妹和李妈眼中的第三只猫：被冤死的是只"若有若无"的猫，可一同死去的还有人性的善。社会的冷漠、人性的丑陋随着猫的结局而愈加明显，"我家永不养猫"，这是社会的愧怍。

（3）张妈眼中的第三只猫：第三只猫是张妈在门口"拾"来的，张妈被妻子叱责"不小心"时，"默默无言，不能有什么话来辩护"，此时此刻，面对指责，无力辩护的张妈和被冤枉、只能悲楚地叫了一声"咪呜"的第三只猫何其相似，张妈与"凶手猫"有着相似的遭遇：被厌弃，不得爱；被冤屈，无法申诉；被叱责，不得尊重；被迁怒，而无言沉默。猫性隐喻着人性，第三只猫冤死了，张妈的命运也已注定，作者以猫写那个时代，"我家永不养猫"，这是时代的愧怍。

"自此，我家永不养猫"是"我"——知识分子自我的反省、愧怍，也是对当时社会的反思，对那个时代的人性批判。

小说文本细读的路径探究

初三的小说复习历来是教学关注的重点,笔者执教了这堂"群文回读课",后因疫情的影响,采用"视频说课"的形式向全市展示,所选的是"小说的细节"。如何通过小说细节的探微,帮助学生对所学的小说进行梳理和探究,成为这堂课的教学目的。

我说课的题目是"小说细节探微"。之所以选择这个题目,是因为我们在小说细节研读中看到了许多有价值的学习内容,希望学生也能从中获益。为此,我采用视频说课的方式同大家分享。

我们都知道,小说以塑造人物形象为主要手段,所以,我这里所说的细节,主要指小说人物细微的表现。相对于情节来说,它没有完整性,一般也没有连续性,并且往往在一瞬间就完成了。例如:

语言细节:那时候,只要一看见从远方回来的大海船开进港口来,父亲总要说他那句永不变更的话:"唉!如果于勒竟在这只船上,那会叫人多么惊喜呀!"

动作细节:他不回答,对柜里说:"温两碗酒,要一碟茴香豆。"便排出九文大钱。

神态细节:"他哥哥来啦?是乌拉吉米尔·伊凡尼奇吗?"奥楚蔑洛夫问,整个脸上洋溢着含笑的温情。

从这几个例子来看,我们会发现,小说中精彩的细节描写,一定是典型化的,对于人物形象的刻画能发挥关键性的作用。而这样的细节常常隐藏在各类人物描写中,需要慧眼识别。

于是,我在这节课的第一个环节便是请学生讲述自己印象深刻的细节。

师:请学生回忆并选择自己印象最深的课内小说细节,说说自己喜欢的小说细节内容。

生:我印象最深的是鲁迅《故乡》中的中年闰土到迅哥家拿香炉和烛台,他当时的生活十分窘迫,拿香炉和烛台可以看出闰土把希望寄托在求神拜佛上,写出了当时社会的黑暗,封建礼教对百姓摧残日益加重。

生:《孔乙己》到酒店喝酒,排出了九文大钱,面对"短衣帮"的指责,孔乙己便涨红了脸,额上的青筋条条绽出,争辩道,"窃书不能算偷……窃书!……读书人的事,能算偷么?"此时孔乙己的急迫让人印象深刻,孔乙己深受封建教育的毒害。

我们发现,确实有一些学生将整段的人物肖像描写或者一连串的动作描写当作细节描写来看,但我们也发现了有不少同学是可以敏锐地发现好细节的,如闰土拿香炉和烛台、杨二嫂顺走母亲的手套、胡屠户攥着银子而把拳头舒过去等。这个任务对学生文学感受力的鉴别,可谓高低立判。

为了帮助学生发现细节的特点和价值,我布置了新的任务——扩写细节,让学生将自己印象深刻的细节写得更详细些,然后作比较。学生怎么写的呢?请看视频。

师:下面请同学对自己找出的细节,定格"画面",扩写镜头中一个最有魅力的画面。

生:我扩写的是《范进中举》中的"胡屠户"收"范进"银子的"镜头",原文是"屠户把银子攥在手里紧紧的,把拳头舒过来……屠户连忙把拳头缩了回去,往腰里揣",突出在胡屠户"攥""舒""缩",我的扩写是胡屠户快速地把银子拿过来,攥得紧紧的,手心的汗渍和油渍糅在一起,印出了一条条红印子,他目不转睛地看着银子,低下头,堆笑着看着范进,把拳头慢慢地舒过来,絮叨着。

将学生扩写的内容与原文相比,我们很快能发现小说中精彩的细节描写的共性特点。我们以"杨二嫂顺手套"为例:

原文	学生的扩写
圆规一面愤愤的回转身,一面絮絮的说,慢慢向外走,顺便将我母亲的一副手套塞在裤腰里,出去了。	杨二嫂愤愤地转过身去,嘴里絮絮叨叨些什么,咿唔个不停,慢慢向外走,眼睛却舍不得似的向四面八方望去。突然眼里放出光亮,瞧见一旁母亲的一副手套,好似找准了目标,装作不在意,伸出手迅速塞进裤腰内,眼睛又在屋内转了一转。

显然,学生的扩写比原文丰富详细了许多。但是,我们不要忘了,这是鲁迅先生的手笔,他难道不会把一个镜头写得具体细致?当然不是,这是精彩细节的共性特点,我把它总结成"微""隐""巧"。

说到"微",我们看到,这里写的不过是杨二嫂的一个小动作而已,为什么那么惊艳呢?因为这是个精彩的细节。正是因为细节是人物瞬间的表现,所以恰恰无须详写。"细"是"小"的意思,"小"环节写得太饱满了,就没有"小"的可爱了。但不要小看这个"微小",这微小的细节常能让我们见"微"知著。我们从"杨二嫂顺手套"里,不就清晰地看到杨二嫂贪小便宜的心态,以及当面拿人家东西的恣睢嘴脸吗?

说到"隐",我们发现,学生很好地发挥了想象力。她把这个细节中的"慢慢"写成"眼睛却舍不得似的向四面八方望去"。确实,杨二嫂"慢慢"向外走,就是想找可拿的东西,但是鲁迅先生不写,不仅符合叙述者的视角,而且给读者留白,引发读者的想象。小说是以"我"为叙述人的,事情和人物的观察者必然也是"我"。"我"当时是坐在厅里的,杨二嫂向外走,"我"只能看到她的背影,看不到她的表情,但是,杨二嫂欲盖弥彰地将母亲的手套塞进裤腰的行为,"我"却看得一清二楚,可见杨二嫂是拿惯了。这里作者即使不写她的眼神,读者也完全能想象到,这就是细节"隐"的好处。

说到"巧",我们一定会发现,凡是精彩的细节,绝不是无关紧要、无足轻重的,它往往在情节结构、形象刻画、主题揭示方面有较高的价值。就拿这个"杨二嫂顺手套"的细节来说,我们可以发现其情节上前呼后应的妙用。前面有个细节:母亲说着,便向房外看,"这些人又来了。说是买木器,顺手也就随便拿走的,我得去看看。"铺垫了杨二嫂顺东西的惯性。后面又有一处交代:"母亲说,那豆腐西施的杨二嫂,自从我家收拾行李以来,本是每日必到的,前天伊在灰堆里,掏出十多个碗碟来,议论之后,便定说是闰土埋的,他可以在运灰的时候,一齐搬回家里去;杨二嫂发见了这件事,自己很以为功,便拿了那狗气杀,飞也似的跑了,亏伊装着这么高低的小脚,竟跑得这样快。"这前后母亲的讲述,被杨二嫂"顺便塞进裤腰里"的行为坐实了。同时,人物行为是受人物个性支配的,杨二嫂前面的语言中透露了她拿人东西的动机:"那么,我对你说。迅哥儿,你阔了,搬动又笨重,你还要什么这些破烂木器,让我拿去罢。我们小户人家,用得着。"其贪婪的秉性暴露无遗,甚至不顾主人家须变卖财物的需求。见不能无偿拿走大件木器,就顺便拿小东西,这个"顺便"足见她习惯成自然。包括后面在炉灰里埋碗碟,还诬陷闰土等行为,确实够得上"恣睢"的标准了,令人憎恶。但是,如果我们把"顺手套"这个细节倒推二十余年,安放在那个"终日坐着""擦着白粉"的"豆腐西施"身上,你能接受吗?显然不能。而一个娴静美好的少妇却成了这样一个恣睢可鄙的"圆规",且这样的人不止一个(母亲前文说的是"这些人又来了"),杨二嫂只是一个代表,其所反映的社会问题就相当深刻了。

一篇小说里有很多细节,有些是一般性的,只起着交代、铺垫之类的作用,精彩的细节却是不可多得、难能可贵的。它往往只有寥寥数笔,却能画龙点睛。而这看似不经意的一笔,却凝聚着作者对生活极其细致的观察和对人性相当深刻的洞见。

为了能帮助学生更好地欣赏小说中的精彩细节,我又布置了一个任务——改写细节,再作比较。

师:创作"细节":对所描绘的画面作另一种创作。《三顾茅庐》中孔明睡醒后吟诗,现在请同学们试试将孔明睡醒后"吟诗"的行为进行重新设计,想想还可以有哪些其他的动作。

生:我想到的是孔明睡醒后沉思,当时东汉末年,社会动荡,群雄纷争,孔明身处乱世,思考天下大势。

生：我想到的是孔明睡醒后要水喝，因为当时是夏天，天气炎热，睡醒后找水喝，是很自然的。

生：孔明睡醒找扇子，我是这样写的，睡醒后，孔明习惯性地找自己的鹅毛扇，这也符合原文的内容。

……

师：那么作者罗贯中为什么要设计孔明"睡醒吟诗"的细节呢？请同学们想想，这个细节对突出诸葛亮的性格有何作用？当时刘玄德站在屋外，孔明所做的行为，有何目的？

生：孔明"脸朝里睡"，不一定睡着，也许是故意醒着，想看看刘玄德访贤的诚心。

生：那"翻身又睡"就是加大考验的时间，看看刘备访贤的决心，是一时兴起，还是求贤若渴。

生：我认为孔明"醒来诵诗"，读"大梦谁先觉？平生我自知。草堂春睡足，窗外日迟迟。"，诗的内容显示出自己是世外高人的风范。

师：孔明吟罢，翻身问童子曰："有俗客来否？"有什么目的？

生：做戏做全套，俗客来访，提醒刘备，自己已经醒了，明知故问，再塑自己隐士形象，孔明越是表明自己不愿出山，越是掩饰不住自己建功立业之志向。

刚才这个教学片段意在说明，体察细节之妙，可以从人物表现的反常之处入手。按照人之常情，午睡后喝水，找扇子，都很自然，但这里孔明的午睡不是一次寻常的昼寝，他在前面两次外出、避而不见的考验之后，要对刘备做最后一次考验。这也是"三顾茅庐"这一历史事件的高潮部分。所以，配合"醒来吟诗"的细节，作者还设置了"面朝里睡""翻身又睡"等细节，让他在玄德面前"睡"得更"香"、"醒"得更飘逸，但一切在读者的眼里，又分明是欲擒故纵的"假寐"。而他醒来所吟的是一首隐逸诗，又为他世外高人的形象涂了一层光彩。从历史的角度来看，建安七子以及后来的竹林七贤，都让我们了解到，世外高人在当时知识分子圈中是很时尚的追求，何况身逢乱世呢。诸葛亮本也可以成为那样的人物青史留名,但他"未出茅庐,已知天下三分",内心里琢磨的显然是"天下大势"。而他最终选择出山,匡扶天下,这确实了不起。那个做隐士的好梦,就留在了这首午醒后的诗里,成了孔明终生"未选择的路"。我们知道,从《三国演义》全书来看,作者所持的是尊刘贬曹的态度,诸葛亮可谓是大英雄,是善于神机妙算的。这个"醒来吟诗"的细节表现他对"大梦"的"觉知",对未来人生的设计,为人物塑造增添了不一样的色彩,更耐人寻味。

精彩的细节都是经得起细看与细思的。比如《变色龙》:"席加洛夫将军?哦!……叶尔德林,帮我把大衣脱下来……真要命,天这么热,看样子多半要下雨了……""哦!叶尔德林老弟,给我穿上大衣吧……好像起风了,挺冷……"这是用语言展示的动作细节,因为"脱""穿"的行为都不是说话人自己完成的,是他招呼手下巡警做的。一个健康的成年人,脱穿大衣为什么要别人帮忙呢?因为他是长官,所以要显示自己的架子。短时间内怎么会感觉忽热忽冷呢?显然是为了转移视线,掩饰自己的心虚,并为自己想到对策赢得时间。仔细读来会发现,这忽热忽冷的感觉,都发生在突然听到"狗的主人"是将军时,也就是说,假如狗是野狗或别人家的,可以严惩时,主人公的表现是本职需要,是不需要掩饰的。或者说,一旦狗主人是将军,他先前对狗的态度是足以令他后怕的。再联系全文看,文章起笔就写到警官"穿着新的军大衣",结尾又写到"裹紧大衣",这件大衣不是普通的道具,其实是一个走狗很重要的盾牌,可以借以遮掩其内心的状态。

再如:范举人先走,屠户和邻居跟在后面。屠户见女婿衣裳后襟滚皱了许多,一路低着头替他扯了几十回。这也是一个著名的细节。欣赏这个细节,可以揣摩人物行为背后的心理。胡屠户当时究竟是怎么想的呢?他首先是害怕,因为自己打了天上的"文曲星",更因为自己平日里对"文曲星"不恭;其次是要面子,女婿既然成了举人,在众乡邻面前不能这般穷酸相,毕竟是自己女婿;再次是巴结,想让新举人意识到自己的好;还有就是自卑。女婿中了举,他固然高兴,但他这样一个底层的平民,对中举后的女婿以及他要结交的乡绅们是不敢平视的,他在中举后的女婿面前顿时矮了三分。这与后来"胡屠户只等他(张乡绅)上了轿,才敢走出堂屋来"的细节是呼应的。

比较、联系、揣摩,这些都是常用的细节欣赏方法。不过,方法不是固定的,更不是放之四海皆准的，我们还需要在指导学生阅读中，帮助他们举一反三。

感受人物形象，关注细节欣赏，能为学生的小说阅读打开另一扇小窗，让他们以小见大，看到更广远的风景。

部编初中教材"课后小练笔"的编排特点、分类和优化策略

语文学习强调听说读写,部编初中教材编写了相对完善的写作训练体系,包括写作专题、活动探究单元及部分教读课文后的"小练笔",彰显"读写结合"的教学理念。

部编教材中的"课后小练笔"是随课文而写的写作训练,"小"突出了字数少、篇幅小、形式活的特点,"课后的小练笔"通常出现在课后助读系统中的"积累拓展"部分,借助丰富的课文资源,随文而写,从而实现以写促读、以写促写,有利于学生语言表达能力的提高。

一、研读教材,注重关联,读懂编排意图

部编初中教材共有 34 篇课文在课后"积累拓展"处明确提出了"小练笔"要求,4 个活动探究单元也安排了 8 次"练笔",涵盖不同文体,编排上呈现以下特点:

1. 关联性

(1) 以写促读,提升语文核心素养。

"课后小练笔"的"课后"点出了"小练笔"与课文阅读的关联,"小练笔"的"写"是为了促"读",通过"读写结合",以语言表达促阅读,提升语文核心素养。学生借助"写"走进课文,读懂文本,了解作者的情感。"以写促读"搭建了阅读与表达的通道,促进有效阅读,有益于学生高阶思维的养成。如《愚公移山》的"小练笔":从愚公与智叟辩论的场景中,发挥想象,写片段。学生借助课文中两人对话,合理添加动作、表情等,以写促读,读懂愚公的形象。

(2) 以写促写,指向语言表达能力。

"课后小练笔"的"练"指向学生的语言表达能力。从"小练笔"课文与单元写作专题的关联上看,较多指向单元写作内容,为写作训练服务。在阅读中学表达,以课文的"语境",促表达能力的提高。如七年级上册《天上的街市》课后"小练笔"是:"选择一个天体,发挥联想和想象,写一首小诗。"与单元写作主题"发挥联想和想象"具有关联性,首先是内容关联,本课"小练笔"和单元习作"对于'伞'这一生活中常见的事物,如果从不同角度发挥联想,你会想到些什么?"都指向"想象和联想","小练笔"成为单元习作的"预写"。其次训练能力关联,"小练笔"是"以写促写",学生在文本内容的语境中获得写作体验,尝试诗歌创作,难度低,兴趣足。

2. 整体性

"小练笔"贯穿初中统编教材,在教学实践中,教师往往只关注"课后小练笔"与单篇课文的教学联系,忽视了"小练笔"与单元主题、单元写作要素的勾连,忽视了语文要素的整体"布点"。部编教材是"人文主题"与"语文要素"双线组织结构,"语文要素"分布在各个单元教学内容和课后习题中,呈现由浅入深、由易到难的特点,因此,"课后小练笔"往往成为语文要素的"落点",语文要素整体性"布点"决定了"课后小练笔"也呈现出整体特点。如七年级下册第四单元的语文要素"通过精读了解某一类文章的特点后,去略读许多同类的文章"。本单元中《紫藤萝瀑布》课后"小练笔"是"试选取你熟悉的某个事物,赋予它一定的寓意,使用托物言志写法,完成一次片段写作"。这个小练笔内容上指向"托物言志"写法,与单元语文要素相契合,学生通过篇章写法的仿写,更好辨析同类文章的特点。

3. 递增性

"课后小练笔"的难度呈现递增性,随着学生语文素养的提升,教材对同一种文体"小练笔"的难度要求加大,随文设计的"小练笔"关注学生"一课一得"。如八年级学生首次学写说明文,《苏州园林》"小练笔"为"介绍你曾经游览过的一座公园或建筑"。仿写建筑,难度较低,并且提供了"支架","借鉴课文先总说再分别说明的写法",让学生会写;《阿西莫夫短文两篇》"小练笔"是"课外搜集整理资料,写一篇小短文阐述你的认识"。学生不仅要找到第三种"假说",还需借鉴课文分析推理方法,写出推理过程,由"仿写结构"到"仿写推理","小练笔"难度递增,学生语言运用和思维能力都得到提升。

二、"小练笔"的分类

部编初中教材,每册书都安排了数量不同的"小练笔",约42篇。按照"小练笔"内容,笔者尝试将其分类如下:

1. 仿写类

仿写,模仿范文练习写作,在"真实的语言运用情境"中练习写作,"真实"体现在"课文内容的语境",范文中的句式、语段、篇章都成为学生仿写的"支架",学生将范文写法迁移、运用在自己的仿写实践中,提高了语言表达能力,个性化成果也充分显现。仿写类"小练笔"在初中课后"小练笔"总数中约占40%,形式有仿句式、仿语段、仿篇章、仿写法等。

仿句式:学习课文中精彩语句的语言样式,写出内涵丰富、文辞优美的语句。如七年级上册《从百草园到三味书屋》的"小练笔":仿照这段文字,描写一处景物,用上"不必说……也不必说……单是……"这个句式。

仿语段:课文中的某个段落具有的语言特点,仿写学习,学以致用。如《中国人失掉自信力了吗?》"小练笔":"中国的脊梁"这个比喻好在哪里?模仿这个语段,用排比和比喻这两种修辞手法写一段话。

仿篇章:学习课文的整体结构。如《苏州园林》"练笔":借鉴本文先总说再分别说明的写法,写一段文字,介绍你曾经游览过的一座公园或建筑。

仿写法:学习范文的写法。如《鱼我所欲也》"练笔":孟子善于运用日常生活中的事例进行类比说理,使抽象的道理变得浅显易懂。学习这种方法,写一段话,说明一个道理。

2. 改写类

改写是忠于原文基础上的"再创作","改"可以是叙述者角度的改变、文体的改变、字数的改变。扩写是字数的改变,叙述人称变化是角度的改变,童话改为戏剧是文体的改变。改写可以训练学生不同文体写作能力,加深对课文理解。

(1) 扩写,遵循原文的体裁,通过想象和联想"再创作"。如八年级上册《诗词五首》"练笔"：本课诗词中有不少千古传诵的名句，请你任选一两句，发挥联想和想象，描绘你体会到的作品情境。

（2）缩写，是"把主要内容用自己的话说一遍"（吕叔湘语）。如九年级上册《智取生辰纲》"小练笔"：课外阅读《水浒传》中有关杨志的其他回目，结合本文，写一篇《杨志小传》。此处的"缩写"贯通《水浒传》内容，有助于学生对杨志经历的了解、性格的归纳。

（3）改写。

① 文体改变。如九年级下册《诗词曲五首》"练笔"：《十五从军征》是一首叙事诗。试发挥想象，扩充细节，将这首诗改写成一篇记叙文。从"叙事诗"改写为"记叙文"。

② 叙述视角改变。如小说《孔乙己》"练笔"：这篇小说以酒店小伙计的视角叙述故事，试着换个视角简单讲述这个故事，看看效果有什么不同。叙述者可以变为"短衣帮""掌柜"等。

3. 拓展类

"课后小练笔"是对课文主题的拓展，通过续写、补白、拓写，帮助学生读懂文本，训练语言表达能力。

（1）续写，是对课文主题的延伸。如九年级上册《故乡》"练笔"："发挥想象，续写宏儿和水生长大后见面的情景。"现实中的"故乡"隔膜、封闭、让"我"惆怅、孤立，对未来的"新生活"的憧憬。

（2）补白，即填补空白，这里指利用教材课文内容的空白点，给学生提供想象空间，拓宽思维，为学生语言训练提供素材。如九年级上册《敬业和乐业》"小练笔"：参照这两种写法，试着为"有业之必要"列举几条理由，或为"凡职业都是有趣味的"提供几个事例。为"有业之必要"列举理由是"讲道理"，为"凡职业都是有趣味的"提供事例是"摆事实"，补白的"小练笔"帮助学生掌握议论文的基本论证方式。

（3）拓写，是比较阅读后的"练笔"，将课文与另一个文本比读，借助"小练笔"，表达自己的见解，拓展对课文主题的认识。如八年级下册《马说》课后"练笔"：阅读下面的短文，结合课文，写一段文字，谈谈你对人才问题的看法。所选的是《资治通鉴》中"上令封德彝举贤"记述,通过比读和"小练笔"后,韩愈"千里马常有,而伯乐不常有"的悲愤溢于纸上。

4. 思维类

思维类"小练笔",是情节的"逆向设计",是对课文主题的"创造性"解读,包括创作"练笔"和"评论练笔",有助于学生思辨性思维的提升。

(1) 创作类

如九年级上册《我的叔叔于勒》"小练笔":想象一下,假如菲利普夫妇在船上发现已经成为百万富翁的于勒,他们会有怎样的表现呢?试写一个片段。"练笔"与小说阅读紧密结合,引导学生逆向思维,通过写作实践,深化对"对金钱社会扭曲人性的批判"主题的认识。

(2) 评论类

如九年级下册《孔乙己》"小练笔":看客是鲁迅笔下常见的形象。课外阅读鲁迅的《示众》《药》等小说,看看其中描写了怎样的看客形象,他们共同的特征是什么,并进一步思考鲁迅写形形色色的看客,主要想表达什么。以"鲁迅笔下的看客形象"为题,写一篇小论文。以"看客"沟通课内外,激发学生兴趣,以写促读,激发学生对鲁迅作品的"专题阅读",了解鲁迅对"看客"的评论,培养学生的高阶思维。

三、"小练笔"的优化策略

纵观部编初中教材"课后小练笔"的编排,也有可商榷之处。首先是次数的随意,因随文编排,六本教材的"课后小练笔"次数不一致。大致来看:七年级较少,九年级较多,甚至七年级下册只有1次。其次,部分"小练笔"设计缺少必要写作要求和提示信息。如七年级上册《济南的冬天》"练笔":借鉴课文的某些写法,就你家乡冬天的风景写一个片段。注意抓住特点来写。"某些""特点"较含糊,提示信息不清晰,"仿写"容易偏离单元目标设定。再者,编排的训练能力点不合理。指向内容理解的"小练笔"约有28次,指向学生语言表达能力提高的只有14次,编排忽视了学生语言表达能力的培养是语文核心素养的基础。最后,部分"小练笔"训练形式单一。如文言与古诗词类课文,发挥想象,改写故事、改写白话散文、改写小故事、改写记叙文、改写白话诗等有7篇,"改写"成了古文类"小练笔"的主选。

由此笔者认为,随文而写的"小练笔"须对标单元学习目标和单元语文要素,优化"小练笔"的设计和使用策略。

1. "小练笔"要求须清晰,指向单元学习目标

七年级上册《济南的冬天》"课后小练笔":借鉴课文的某些写法,就你家乡冬天的风景写一个片段。注意抓住特点来写。"某些写法","练笔"的要求是模糊的,缺乏具体的要求。这个单元学习目标是"品味精彩语句",单元写作要素是"学会观察和感受生活的美好"。研读课文后,笔者发现课文主要写法是:(1)融情于景的写法;(2)比喻、比拟等修辞手法。抓住景物特点的"小练笔"是阅读的迁移和深化,据此,将"小练笔"要求清晰化:尝试借鉴课文中"融情于景"写法及"比拟"等修辞手法,就你家乡冬天的风景写一个片段,注意抓住景物的特点来写。

2. "小练笔"要求须明确,指向言语表达

"小练笔"除了要帮助学生读懂课文,更需关注言语训练,提高学生的语言运用能力。如九年级下册散文诗《海燕》的"课后练笔":选择文中海鸥、海鸭、企鹅和狂风、乌云、雷鸣这两组中一组形象,想象一下:如果海燕要向它们表明自己的心志,它会说些什么?试以"海燕的宣言"为题写一段话。以海鸥、海鸭、企鹅这组为例,从内容上看,海燕此刻心里是欢乐的,与前者的恐惧形成鲜明的对比,对暴风雨是渴望的,对战胜暴风雨充满信心;从言语训练上看,学习诗歌中的对比、烘托手法。结合单元学习目标"通过发掘诗歌欣赏的方法,尝试诗歌创作",笔者将"小练笔"调整如下:想象一下,如果海燕目睹它们的行为,通过动作、心理、语言,要向它们表明自己与它们不一样的战斗心志,它会说些什么?试以"海燕的宣言"为题写一段话。学生"练笔"如下:

在苍茫的大海上,暴风雨就要来临。哦,海鸥啊,你在呻吟着什么?你在恐惧暴风雨吗?瞧你那慌乱的模样,丝毫没有胆量,而我是最勇敢的海燕,我要冲破乌云,等待它的到来!

可怜的海鸥,被吓坏了吧?这只是一丁点大的雷声啊!你们连海鸥都比不上,这是多么欢乐的时候啊,快来享受生活的战斗的欢乐吧!

哦,企鹅,瞧你那蠢笨模样,躲什么躲?暴风雨就要来,多快乐,多兴奋,我要与那狂风、乌云、闪电抗争,暴风雨,让暴风雨来得更猛烈些吧!

又如七年级上册《植树的牧羊人》的"小练笔":我们所处的社会中也有很多默默"种树"的人,他们以非凡的毅力,辛勤耕耘,种植着希望和幸福。你认识或听说过这样的人吗?试为他写一段文字,记录他的事迹,并写出你的评价和感受。

本文的"小练笔"引导学生从文本走向文外,思考"种树"的内涵,由"牧羊人"的伟大,学生会想到"种植希望",无私奉献的教师;"种植安宁",辛勤工作的警察。主题的理解不难,"小练笔"要将人物事迹介绍、评价、感受"思路清晰"地表达出来不易,因此笔者对原题作了如下修改:"我们所处的社会中也有很多默默'种树'的人,他们以非凡的毅力,种植着希望和幸福。试以'他是一个_____的人'的形式,写一段文字,记录他的事迹,写出你的评价和感受。注意:思路要清晰,可学习本文正面描写和侧面描写相结合的写法。"修改后,"小练笔"给了"支架",即句式和写法,明确了言语训练要求,"小练笔"从关注文本转向关注语言表达。

3. 补充设计新的"小练笔"

"课后小练笔"是课文"助读系统"组成部分,是语言表达训练的重要形式,不仅可以引导学生读懂课文、"夯实"单元目标,帮助语文要素"落地",还能提高读写能力,思辨表达,因此补充设计新的"小练笔"很有必要。

设计新的"小练笔",可尝试借助课文内容练仿写、重新创作练改写、扩展文本主题练续写、逆向思维练拓写等。如七年级下册《邓稼先》,单元要求:"结合人物生平及其所处时代,透过细节描写,把握人物特征。"笔者设计了扩写:写人物的精神,首要抓住人物典型的细节来表现。请对课文中"他只说了一句话:'我不能走。'"扩写,发挥想象,增加邓稼先此时的细节描写。文言名篇《卖油翁》,本课学习目标:体会文言文特有的简洁风格。笔者设计了逆向思维的"小练笔":发挥想象,将本文改写为一则白话故事,注意充实内容,增加对人物语言、动作、心理等的描写。

部编教材随文设计的"小练笔"是教材"助读系统"的创新,是"读写结合"理念的诠释,语文教师需立足于课程标准,对标单元语文要素,充分利用课文资源,发挥课后"小练笔"的教学价值,提升学生的语文核心素养。

预约意外,衍生精彩

现在,新课程改革正在全国上下如火如荼地展开。新课标允许和鼓励学生针对课本的内容,在课堂上发表不同的意见和看法,从而导致学生的种种表现偏离教师预设的情况,教师往往得不到预先设定的答案和目标。面对"意外"如何有效引导,铺设台阶,预约"精彩"呢?近日,我参加青年教师优质课展示,其中一段课堂教学引起了我的思考。

【教学案例回放】

伴随着苍凉、悠远的音乐,我的展示课开始了,所上的是朱自清的名篇《背影》,父子惜别、离别的深情在我声情并茂的讲述中,自然地融合在一起。学生们被《背影》优美的文字、质朴的语言以及字里行间溢出的亲情打动,我认真地分析着佳句,学生静静地听着。

师:朱自清看到父亲买橘子时的背影,在文中说"我的泪又来了",儿子被父亲的爱深深地感动,父亲爱护儿子,儿子关心父亲,多感人的一幕。

生:老师,我可以谈谈自己的看法吗?

(一位同学举起了手问道。)

师:当然可以。

(全班同学的目光都汇聚到他的身上。)

生:我认为儿子关心父亲不够,假若我是朱自清,看到父亲这样艰难地爬上月台,为我买橘子,我不会只在车上流泪,我定会自己跑去买橘子。

他的话立刻引起了全班同学的窃窃私语,而这出乎我的教学预设,但此时教师如能加以引导,让学生合作探究,将有助于理解《背影》中的父子深情。

师:看来大家都认为有探究的必要,那么就请同学们思考一下,谈谈自己的看法。(学生四人一组探究)

生:要是朱自清自己去买橘子,那我们还能读到《背影》这脍炙人口、感人至深的作品吗?

生:宁愿没有《背影》也不能只在车上流泪,只会哭,真没出息。

生:我认为对父亲来说,只有亲自去买橘子,才能表达出父爱,那时父亲不仅仅给儿子生命,更重要的是用自己的行动去教育儿子。

生:我同意父亲的做法,文中说祖母去世,父亲赋闲在家。父亲深知当时社会的世态炎凉,因此一定要亲自送我去火车站并亲自爬月台去买橘子,可见父爱的伟大。大家都知道朱自清先生是一位顶天立地的大丈夫,宁可饿死,也不吃美国的救济粮。我认为文中朱自清流的是感激的泪、悔恨的泪,而不是怯懦的泪。

师:同学们问题的焦点有两个,一是如何看待"爱"的问题,另一个是如何自立的问题。大家的发言都有道理,只是认识问题的角度不同,这篇文章最可贵的是父子间在困境中彼此关心、体贴之情。同学们,真理是掌握在自己手中的。

【教学反思】

在《背影》的教学设计中,我没有预设这一问题的探究,但恰恰这个探究最出彩,有助于学生理解父子在困境中相互关心、彼此体贴的真挚情感,体会文本所体现的中心情感。

半个多世纪以来,《背影》作为一篇感人至深的散文名作,深深打动了几代人,我们对《背影》中"父亲"形象的感悟,不仅仅来自课堂,它还来源于读者成年后基于自身经历而对当时作者情感体验的理解。《背影》打动我们内心的是父亲在一个战乱的世界所感到的压力与承担的责任,可以说"背影"是作者人生经历的结晶。而要求还不谙世事的初中学生在课堂内短时间领悟是难以做到的,因此对学生在探究文本时的"旁逸斜出"是可以理解的。新课标指出:"阅读是学生个性化的行为,不应以教师的分析代替学生的阅读体验,要珍视学生独特的感受、体验、理解。"这就要求我们尊重学生的看法,并及时引导他们,根据文本所出现作者的时代背景,结合自身的经历,引导学生理解父子在困境中相互关心、彼此体贴的真挚情感。本课中教师把情感目标定位于"体味父爱",但学生却对"朱自清该不该自己买橘子"这个老师没有预设的问题产生了兴趣,此时教师及时抓住了生成的"意外",铺设台阶,沿着学生的思路,给予他们更多的引导,有意识地实现了预设的教学目标。

苏联教育家苏霍姆林斯基说过:"教育的技巧并不在于能预设到课堂的所有细节,而在于根据当时的具体情况,巧妙地在学生不知不觉中做出相应的变动。"[①]教师引导学生根据文本的时代背景,结合学生的自身经历,建构学生的"认识平台",理解父子间相互怜爱、体贴的真挚情感。通过生成的"意外",有效地引导,增加学生对文本情感的体验,促使学生的认识升华,这是本课最大的亮点。

在教学过程中教师经常会遇到学生对文本理解的"意外",这种动态生成有时超出了教师课前的预设。若教师忽略学生的"意外",那将不利于学生主体性的体现。那么"预设"与"生成"两者之间究竟是何种关系呢?我认为"预设"是预测与设计,是课前进行有计划的、有目的的清晰理性的设想与安排,具有弹性与有效性的特点。"意外"即"生成",是生长和建构,是根据课堂教学本身的进行状态而产生的动态形成的活动过程,具有丰富性与生成性。"预设"与"生成"是辩证的对立统一体,"生成"离不开预设,"预设"是为更好地生成。如何直面课堂的"意外",巧妙地引导"意外",达到预设的"精彩"呢?

1. 精心预设,预留时空

"生成"是教学追求的一种境界,"预设"是实现生成的必要途径。一切预设都是为了生成。精心预设,预留时空即弹性预设要求教师在教学方案中为体现

[①] 瓦·阿·苏霍姆林斯基:《给教师的建议》(修订本 全一册),杜殿坤编译,北京:教育科学出版社,1984年。

学生主体而预留空间。一方面有利于学生充分参与教学活动，为"动态深成"创造条件；另一方面也是为教师教学步骤的调整留足空间。教师在课前教学预设时应最大可能预见"意外"，将"意外"转化为"意料之中"。这需要：

2. 尊重学生个体的认知实际

著名教育心理学家皮亚杰曾有一段经典的论述："教师的工作不是交给学生什么，而是努力构造学生的认知结构并用种种方法刺激学生的欲望，这样学习对学生来说，就是一个主动参与的过程。"[①]可以说这段话道出了"学生原有的知识和经验是教学的起点"这一教学理念。教学活动必须建立在学生的认识水平和已有的知识经验基础上，学习过程实质是在教师的引导下自我建构、自我生成的过程。这种生成是由内而外的生长，其基础是学生原有的知识经验。这要求教师在教学中，应尊重学生已有的认知实际，调动学生的经验积累，引导学生进入文本的世界，体验作者的情感，自主、大胆地探究"意外"。

3. 预设学生的"未知"

教师在课前备课时，应认真揣摩、思考、探究文本，不但要掌握学生的"已知"，更要预设学生的"未知"。在文本学习中，学生可能知道什么？在哪里会有疑问？在教学方案中预留足够的教学弹性空间，对教学过程多做预设，如这一环节学生会有怎样的"意外"？教师如何有效地引导？多思考可能出现的"意外"的深度、难度，为学生主体充分参与教学活动预留时空，只有这样教师在实际教学时才能有效调整教学步骤，胸有成竹，完成教学预设，追求课堂预约的"精彩"。

4. 巧铺台阶，生成"精彩"

不管预设如何巧妙、精细，"意外"往往不期而至。教育家布鲁姆曾说过："没有预料不到的结果，教学也就不成为一种艺术。"[②]教学过程是一个充满各种意外、偶然、随机因素的过程。动态生成具有偶发性，是智慧的闪光。这就要求教师不要固守预设，尊重学生，同时具有一双慧眼，当"意外"悄然而至时，教师要能分辨出"意外"中智慧的闪光点，判断其对引导学生理解文本的中心有无帮助。俄国教育家乌申基说过："不论教育者怎样研究教育理论，如果他没有教育机智，

---

① 皮亚杰：《发生认识论原理》，王宪钿等译，北京：商务印书馆，1981年。
② 张春兴：《教育心理学》，杭州：浙江教育出版社，1998年。

他不可能成为一个优秀的教育实践者。"①

教师不能拘泥于课前的预设,要善于直面"意外",准确判断、评价,力求在对话中生成对话,在学生动态生成的基础上再次预设,有效引导学生向文本的教学目标靠近。在"预设"与"动态生成"之间铺设一条连接的台阶,沿着学生的"意外"给予他们更多思考的时间和空间,让学生乐于遐想、敢于质疑、勇于探究,达到教学预设的目标。这也反映出一名教师敏锐的洞察力和驾驭课堂的能力。

同时,课堂教学自身的规律要求在有限的时间必须完成一定的教学内容,如果教师课堂教学中只一味追求学生主体的动态生成,教学可能变成"放羊",走向"无教学目标"的误区。因此,教师应成为善于铺设台阶的智者,紧紧把握"意外"生成的契机,促使其转化成为有效的教学资源,坚持完成课程的教学任务。让学生拾阶而上,使课堂成为流淌生命活力、鲜活、生动的地方。

5. 厚积薄发,苦练内功

新课程标准对教师提出了较高的要求,即教师既要能深入研读文本,在文本解读上有个人心得,又要博览群书,具有丰富的文化底蕴、高超的教育智慧、优秀的教育素养。唯有这样,教学机智才有丰厚的土壤,教师才能厚积薄发,教师才能面对课堂的意外,从容不迫,化"意外"为可预设的"精彩"。

---

① 莫雷主编:《教育心理学》,广州:广东高等教育出版社,2002年。

追求一堂有厚度的语文课
——《汪大娘》课堂实录

一、导入

师：同学们，很高兴和大家共同学习一篇文章，篇名叫"汪大娘"，作者是张中行。

（板书：汪大娘）

师：这篇文章得到了许多文学大家的称赞，请同学们来看看。

（屏显）

> 我最赏者是《汪大娘》。此文可堪压卷，其他即不复读，亦无不可也。
>
> ——周汝昌

师：周汝昌，大家熟悉吗？

生：当代红学大师。

师：这位同学说得很对，周汝昌还是张中行先生的好友，他在看过《汪大娘》后，写了这句话。同学们，大家说说，哪几个字可以看出周先生对《汪大娘》的评价？

生：从"最赏者"和"此文可堪压卷"可以看出周汝昌对此文的喜爱。

师："最赏者"即最欣赏之意，"此文可堪压卷"是什么意思？

生：最好。

师：这位同学说得很对，周汝昌先生在看完《负暄续话》后，对其中的《汪大娘》极为欣赏,认为是最好的,"其他即不复读,亦无不可也"是对本文较高的评价。今天,咱们这节课就来研究研究。让我们先走近作者,了解张中行。

二、走近作者

(屏显)

> 张中行(1909—2006),河北香河人,著名学者、哲学家、散文家。与季羡林、金克木、邓广铭等被尊为"未名四老";也有人把他与季羡林、钱锺书、施蛰存并列,称为当今中国的四位"国学大师"。代表作品:《负暄琐话》《负暄续话》《负暄三话》《禅外说禅》《顺生论》等。

师:请前面的一位同学朗读张中行简介。

(学生朗读)

师:张中行先生是与季羡林、钱锺书等大家齐名的"国学大师"。

师:检查学生的预习情况,请同学将下列加点的字音读出。

(屏显)

既冠之年	冠冕	负暄琐话	朱棣	悖悖
风停雨霁	感慨系之	东施效颦	憨气	黍离

(学生朗读)

师:这位同学读得很准确,有个词语,请大家注意,词语"风停雨霁",霁是雨停后,天气晴朗。在本文中是指"文化大革命"结束后,国家走上了发展之路。

三、初步感知写法之要

师:课前,我问了一位同学预习后对文章的初步感受,这位同学说写的都是一些小事,很散。那么我们找找文章中张先生有没有告诉大家他文章的写法。在哪?

生:在第二小节。

(屏显)

> 写她也有困难,是超出日常生活的事迹太少。怎么办?还是决定写。理由有二:一来于兵家,曰出奇制胜,很多大手笔写大人大事,我偏写小人小事;二来于小说家,曰有话即长,无话即短。

师:张先生的写法之道在这段话的哪几处?

生:在"很多大手笔写大人大事,我偏写小人小事"。

师:"小人"指平凡的人、普通的人,"小事"是指什么事?是不是日常生活中的琐事?

生:我认为不是琐事,因为文中说"超出日常生活的事迹太少",这就告诉我们,所写之事应是超出日常生活的事迹。

师:"超出日常生活的事迹"怎么理解?

生:主要是指非常感人的事,能够表现出人的精神、品质的事。

师:那是不是可以这样理解,写的是既小又能表现出人的精神、品质的事。

师:张中行说:"很多大手笔写大人大事,我偏写小人小事",他写了汪大娘哪些"小事"?说说这些"小事"反映了小人物汪大娘什么样的品格和性格。

(生阅读文本,寻找小人小事,教师在行间相机指导)

师:张中行老先生是以叙述者的口吻来写这篇文章,那么大家看看有没有提示性的话语,可以帮助我们概括事情呢?

生:有,它出现在一些小节的开头。

师:找出来,画出来。

(学生探究,教师查看学生寻找过渡性语句情况)

生1:第三节第一句"言归正传"。

生2:第四节第一句"以下更归正传,说汪大娘的行事"。

生3:还有第六节"汪大娘也有使人费心的时候",第七节第一句"还有更大的难关"。

生4:第八节"最后说说年高辞谢"也是的。

师:大家已经找出了这几个句子,那么我们就来品味这些句子。

(屏显)

> 言归正传
> 以下更归正传,说汪大娘的行事。
> 汪大娘也有使人费心的时候。
> 还有更大的难关
> 最后说说年高辞谢

师:请同学说说:第一句和第二句有何差异?

生1:第二句的开头相比第一句多了"以下更"。

师:"更",你能不能解释一下为什么不用"言归正传"而用"更"呢?

生2:因为文章第一节写的是作者对旗人的看法,第二节写的是作者的写作之道,从第三节开始,作者才开始写主人公——汪大娘,"言归正传"是告诉读者下面开始介绍汪大娘。

生3:第四节在开始已经告诉我们,写的是汪大娘的行事,对比来看,第三节我认为写的是汪大娘的身世。

师:张中行老先生说"超出日常生活的小人小事",第三节写的汪大娘的身世是不是"超出日常生活的小人小事"?

生:不是,第四小节以后开始写的是汪大娘的行事,才能彰显汪大娘的本性,第三节写的是琐碎之事,所以第四小节开头说"以下更归正传",从"更"可以看出文章由汪大娘的身世到她的行事。

师:"汪大娘也有使人费心的时候",告诉我们接下来要写什么?

生:使人费心的事。

师:"还有更大的难关"则告诉我们什么呢?

生:一个更大的难关。

师:我们根据作者提示性的话语,将文章的结构理清,这些叙述性的语言还引导我们概括本文中的小事,张老先生在文中从第四节开始写了哪几件小事?

(同学相互交流,教师参与小组讨论)

生1:第一件事是主一家的衣食住行,第二件是备病名时急中生智,渡过难关。

生2：第三件是"文化大革命"时调查罪状，汪大娘答非所问，第四件是年高辞谢。

四、品味语言、品析人物

师：同学们在提示语的帮助下，能既快又准地概括四件事，我为同学们的表现喝彩，刚才大家是初步整体感知了文本，下面我们就来细细地品读文章中的精彩之处。

（屏显）

> 汪大娘作为一位普通的劳动妇女，不识字，她是凭着什么赢得了李家全家人的尊敬？

师：在文章中的第四、五两小节讲到了汪大娘主持一家食政，我的问题是，她凭着什么赢得了李家人的尊敬，大家找找看，文中哪一句可以看出来李家人对汪大娘非常地尊敬呢？

生1：汪大娘获得一家人尊重是在第四小节，大儿媳张玉婷说过的一句话："她人真好，一辈子没见过比她更直的。"

师：请你朗读这句话，思考应怎样读，读出对汪大娘的尊敬。

生1：我认为在"真好"和"更直"处应重音，读出对汪大娘的真情实感。

（生朗读）

师：你读得很好，特别是语气的把握，突出了"真好""更直"，读出了李家大儿媳真心的夸。汪大娘在李家只是一个佣人，凭着什么赢得了李家全家人的尊敬呢？

（学生讨论）

小组代表生2：我们小组认为是文中的"身份为外人却丝毫不见外"，"主一家衣食住行的食政……指导原则是她心中的常理"。

生3：我觉得她更多的是坚持自己的原则，因为文中说汪大娘只注意常理而不管别人的习惯。

师：那你觉得汪大娘民主吗？

生4：相对来说民主。

师：那汪大娘坚持什么原则呢？

生4：是离开常轨不行，浪费不成。

师：看来，汪大娘主一家食政，没有把自己当外人，她坚持的原则是普通人家过日子的原则不能浪费，由此可以看出她的善良、热情。这种朴素的善良在文中的第五小节语句中有没有体现？

生：有，当时作者是租住李家的房客，身体不好时，汪大娘也管，文中说"大娘的意见都是善意的"。

师：所以我们说，汪大娘的善良体现在不该她管的，她也管，坚决把一个人应该做的事做好，因为这对李家是有好处的，这正是她善良热情的一面。

（板书：善良　把应该做的事做好）

师：文中说"一个难关总算渡过去了，又一个难关平安地渡过去了"，先请同学告诉我，这是谁的难关？

生1：是李家的难关，因为文中说背病名时，"李家上上下下着了慌，是唯恐汪大娘记不住。小姐，少奶奶，以及上了学的孩子们，车轮战法，帮助汪大娘背"。

生2：如果背不出或背错，李家就得受罚，而汪大娘只是佣人，再怎么罚，也罚不到汪大娘身上。

师：那汪大娘的表现怎样呢？请大家一起读文中"不想查问的人晚来一两天，……一个难关总算渡过去了"，找找文中汪大娘的表现。

（生朗读）

生：从"一急，忘了"和"好容易"等词中可看出汪大娘的重视，生怕给李家带来伤害。

师：这个难关在检查的人化厉声为大笑中过去了，下一个更大的难关又来了，同学们，下一个难关是在什么时代背景下？

生："文化大革命"时代。

师："文化大革命"是一个是非颠倒的时代，为了让同学们有一个初步的印象，我们一起来看看两个资料介绍。

(屏显)资料卡片(一)

> 最让我难以理解也难以忍受的是我的两个"及门弟子",……为了不让他们掉队,我在课堂上给他们吃偏饭,多向他提问。"可怜天下老师心",到了此时,就是这两人把我揪去审讯,口出恶言,还在其次,他们竟动手动脚,拧我的耳朵,我真是哭笑不得,自己酿的苦酒自己喝,奈之何哉!
>
> ——季羡林《我这一生》

师:赫赫有名的国学大师季羡林先生的两个弟子,最亲的弟子,竟然对自己的老师动了手,只是为了表现得好一些。

(屏显)资料卡片(二)

> 押我的一个大姑娘拿一条杨柳枝作鞭子,抽得我肩背上辣辣地痛。我认识她。我回头说:"你爸爸也是我们一样的人。"那姑娘立起一对眼珠说:"他和你们不一样!"随手就猛抽一鞭。原来她爸爸投靠了什么有权力的人,确实和我们不一样了。那位姑娘的积极也是理所当然。
>
> ——杨绛《丙午丁未年记事》

师:那位姑娘只为表现得好,于是积极地充当了打手。这就是那个是非颠倒的时代。更大难关的这件事是什么事?

生:有些人想调查李家,用文中的话说,"深入调查罪状"。

师:怎样拿到证据呢?

生:从汪大娘那里,汪大娘说的每句话都能成为罪证。

师:如果此时汪大娘说自己在李家受了许多苦,那将给李家带来灾难,同学们,你们找找文中哪些词语可以看出想调查李家罪状的人是如何地处心积虑?

生1:我找到的是"启发性""煞费苦心"这两个词,可以看出他们是处心积虑地寻找李家所谓的罪状。

生2:我找到的是"你伺候他们,总吃了不少苦吧?"这句话,其中的"总"和前面的"启发"相对应,说出了这些人的丑恶用心。

师:这难关第一个是李家的难关,对于汪大娘来说,她是如何做的,会不会去诬陷害人呢?

生:汪大娘没有落井下石,文中说"汪大娘总是答非所问",让那伙人哭笑不得,只好不再来了。

师:我们一齐来读汪大娘回答这伙人的话,想一想:这句话重读应在哪些词上?

(学生齐读)

生:在"待我很好""好人""不坏"上,重音可读出汪大娘的回答没有让这些人满意。

师:对于李家是一个难关,对于汪大娘来说,这也是一个难关,究竟是怎样的难关呢?

生1:我先说说,我认为这个难关不仅对李家是考验,也是对汪大娘人格的考验。

生2:我认为汪大娘很正直,汪大娘完全可以诬陷李家,即使不诬陷,不为李家说好话,李家这难关也过不去,特别是在"文化大革命"中,有人凭着诬告别人获得好处,而汪大娘作为普通的劳动人,没有踩着别人的肩膀往上爬,而是凭着良心,做她自己,令人敬佩。

(板书:正直)

师:大家从张中行的文章中看到了那个在"文化大革命"年代依然正直的汪大娘的形象,张先生对汪大娘是敬佩的,因为在"文化大革命"中张先生也是这样做的。

(屏显)资料卡片(三)

> "文化大革命"时期在干校"改造"期间,张中行曾因水桶掉到水井中遭受批斗;在院内看星星而被人检举,认为他想变天,某战友还说出"想变天还有更深的思想根源,就是思想陈腐,还相信天人感应"等无稽之言;偷偷抄写唐诗宋词,又被认为无意改造自己,等等。

资料卡片(四)

> 张中行曾与杨沫有一段恋情,后因思想见解不同而分手。杨沫作品《青春之歌》中,张这个前夫被认为是自私、落后、愚昧的主人公余永泽的原型,被累名声大坏。杨沫《我一生中的三个爱人》中对张中行的攻击也不少。"文化大革命"审查中,张中行却始终为杨沫说好话。

师:张先生在后来谈到"文化大革命"时,这样说道:

(屏显)资料卡片(五)

> "我一生不在背后窥人隐私,打小报告或告密,以求用别人的血换得平安或往上爬,就是在干校为奴也决不破例。"
>
> ——张中行《流年碎影》

五、感悟情感

师:在张先生心中汪大娘是善良的、正直的,不该做的事坚决不做。同学们,作者在文章中多次提到汪大娘不识字,文末又对读书可以明理提出疑问,有什么用意?

(学生讨论,教师指导)

生1:汪大娘是不认识字的,但她也是一个善良的人,而那些读书人读了很多书,认了很多字,却在"文化大革命"期间去诬告别人,我觉得作者是想说没读书的人比读过书的人更明理、正直。

生2:我不同意这个说法,我觉得作者是想告诉我们不但要读书,更要像汪大娘那样做一个正直、善良的人。

师:那是不是意味说不读书,就可以正直、善良呢?

生2:当然不是,作者更多的是希望人们不仅要读书,更要像汪大娘一样正直、善良。

师:让我们为他精彩的发言鼓掌。

（大家鼓掌）

师："文化大革命"结束了，风停雨霁，张中行先生没有敢去看望汪大娘，而且，他说"没有敢去"，大家想想看，为什么没敢去，你觉得是什么原因呢？

生1：是因为担心汪大娘已经去世了，所以没敢去。

生2：我觉得是因为怕看到汪大娘，想到"文化大革命"中所受的痛苦。

生3：我不同意他们的说法，没有去找汪大娘是对她的尊重，张先生对汪大娘的善良、正直非常敬佩，所以说"我不敢去"。

师：汪大娘的正直、善良、质朴让作者汗颜，让那些自认为读书明理的人汗颜，张先生没有去找汪大娘，是把她牢牢地记在心底，是内心对她的尊敬。

师：同学们，汪大娘是底层劳动人民的代表，她身上的品质是本于良知、本于良心，该做的事一定做好，不该做的一定不能做，千千万万个汪大娘构成了社会的基石，他们以宽广的胸怀和高尚的灵魂包容着社会，他们是底层的光辉。

【教学反思】

1. 教学内容特色分析

张中行先生的散文《汪大娘》，是一篇内涵丰富、含蓄隽永的好文章。文章写的是一个旗下人，而且是一个佣人，所叙写的事件是发生在这个人物身上的一些说不上是惊心动魄的琐琐屑屑的事。但大家手笔毕竟不同于普通人。张先生的这篇散文特色鲜明。结构上由对旗人的印象引出普通至极的汪大娘，然后为汪大娘作传，写其外貌绘其精神，写其行事显其节操，最后以对汪大娘的忆念和汪大娘给"我"的教益作结。选材上，以小见大，以平淡之事写人物不平凡之品质。语言上，本文最大的特色是从容恬淡，娓娓道来，而且不乏看似幽默、实则意蕴丰厚的语句。表现手法方面，本文正面描写和侧面描写相结合，反衬烘托手法运用自然、圆熟、颇见艺术功力。

2. 教学重点的确定与落实

（1）教学重点的确定

文章特色很多。但"弱水三千，我只取一瓢饮"，教学时，如果追求面面俱到或平均分配时间，必然分散学生注意力，必然彰显不出重点。鉴于此，我将教学目标定位于:引导学生把握人物形象,感悟作者寄寓在人物身上的人格追求,提升自己的人生境界。这中间,把握形象,感悟作者的人格追求是教学的重点。我们都了解文学的定义:文学用形象反映社会生活。这形象,可以是景、是物、是人;这社会生活,指社会风貌,亦指作者的思想感情。张中行先生写旗人时,第一个在记忆中出现的就是汪大娘,证明这一形象有其鲜明的个性,因此,把握形象是教学这篇写人记事散文的第一要务。

(2) 教学重点的落实

为了突显重点,教学的各个环节都要围绕重点展开。

我对《汪大娘》的处理,首先抓住周汝昌先生盛赞:"我最赏者是《汪大娘》。此文可堪压卷……"和张中行先生说:"写《汪大娘》,也有困难,是超过日常生活的事迹太少。怎么办?还是决定写。理由有二:一来于兵家,曰出奇制胜,很多大手笔写大人大事,我偏写小人小事;二来于小说家,曰有话即长,无话即短。"从这两段话入手,从而提问"文章写了汪大娘的哪几件事",研读汪大娘是一个怎样的人,最后透过汪大娘的形象揭示文章的主旨:汪大娘正直、善良的品质浓缩了底层劳动人民的光芒。

我在研读文本探究汪大娘是一个怎样的形象过程中,主要选取了两个问题。第一个问题:汪大娘作为一位普通的劳动妇女,她目不识丁,却能赢得雇主李家全家人和"我"的尊重,她到底有哪些不俗的美德?第二个问题:文章用了大量的笔墨写汪大娘和李家渡过难关,这个难关难在何处?围绕两个问题,我和学生一起研讨,得出如下结论:汪大娘是一个正直、善良的人,她的正直善良的内涵具体体现在,汪大娘是一个把该干的事坚决干好、不该干的事就坚决不干的人。

通过这堂课,我感到有以下地方的不足。

① 在课堂上对文本的讨论和解读,缺失了对文本语言文字的品析,给人以游离于文本架空文本的感觉。

比如第一个问题,汪大娘明明只是李家一个管做饭的帮佣,但作者在文中却强调说"她主一家衣食住行的食政",汪大娘的身份对于李家明明是个外人,但作者却说"汪大娘身为外人却丝毫不见外"。课堂上,如果能够从"管做饭与主食政""外人却不见外"这样的语言入手引导学生深入细致地品析,我想学生就应该得到这样的答案：汪大娘这样一个"曾经把抹布煮在粥锅里"犯了严重错误的帮佣没有被雇主"炒鱿鱼"，还能够获得李家上下和"我"的尊敬，关键是汪大娘是一个非常自尊的人，虽是帮佣却从不把自己看作一个低人一等的佣人，在管做饭这件事上该做主时就做主。由此，再进一步探究该段文字中两次提到汪大娘凡事只依她心中"常理"的具体内涵，在汪大娘心中，当家过日子就应该节约是常理，要想受人尊敬首先得自尊是常理，做人要善良是常理，等等。汪大娘这一切的所谓"常理"，其实都是人生的至理。真是"看似寻常最奇崛"，写的全是小人物小事情，揭示的却是人生的大道理。

② 课外资料的引用过多，只抓住了"文化大革命"中人性的变化，缺少对作者此时读书经历和人生经历做适当的拓展。由走近作者，再深入文本，引导学生探究下文困惑作者的两个问题：一是"我"吃了比她多读几本书的亏，……"汪大娘不识字，有福了！"二是常说的所谓读书明理，它的可信程度究竟有多大呢？由此，帮助学生突破本课学习的难点。让学生感受和理解作者的困惑绝不是个人意义的困惑，而是一个知识分子对人生终极问题深思的困惑，是对人生难题的追问，凸显《汪大娘》的主旨。作者写汪大娘，不仅仅是对汪大娘这样的底层劳动人民正直善良品德的赞美，更是借汪大娘的形象引导更多的人，特别是像作者一样的知识分子能像汪大娘一样相信自己心中的"常理"，选择一条路向前走，走出自己幸福的人生。

由此，我想如果再回到课堂，一定要紧紧抓住汪大娘的"常理"究竟是什么理，抓住作者张中行的困惑究竟是什么"惑"，从文本的思想内涵和艺术特色两个方面展开，那么学生对文本的经典价值，一定会有一个比较清楚的认识，从而更接近文本的核心价值。虽然说新课程倡导对文本进行个性化的解读，同样的一篇文本，可以从不同的角度进行多样的个性化的解读，但不管怎样，文本的核心价值绝对不应该丢弃，失去文本核心价值的解读，一定是流于肤浅的解读，甚至是错误的解读。一堂让文本核心价值悄然从课堂流失的语文课，自然也不会是一堂有厚度的语文课。

创意阅读

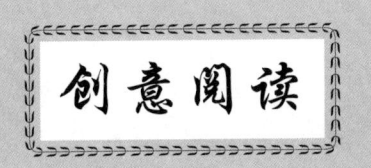

项目化视域下的活动探究单元教学策略探索
——以统编初中语文教材"演讲单元"为例

部编语文教材已经实施数年,活动探究单元教学出现了不少问题,如单篇思维、轻视活动、情境设计简单、评价缺失等。细品问题的所在,前面所列的只是表象,关键是活动探究单元缺乏整体设计,缺少大单元思维,没有用项目化学习统摄单元,"单元是个微课程,是学习内容、学习方法、学习资源、学习情境的综合体"①。

《普通高中语文课程标准(2017年版)》(以下简称《课标》)明确提出"加强课程实施的整合,通过主题阅读、比较阅读、专题学习、项目学习等学习方式提升学生的语文素养",项目学习成为有效提升语文学科核心素养的学习方式而受到重视。

语文学科的项目化学习是指以学习项目为载体,在真实或模拟的语境中,精心设计学习任务,整合相关的课程资源,通过综合、开放、自主的语文实践活动,习得语文关键能力,获得语文成果,形成语文核心素养和人文价值观的学习模式②。

那么,在初中语文教学中,活动探究单元的项目化学习实施的策略和途径是怎样的呢?现以部编初中语文教材八年级下册"活动探究——演讲"为例,进行探讨。

---

① 崔允漷:《如何开展指向学科核心素养的大单元设计》,《北京教育(普教)》2019年第2期。
② 褚树荣:《素养需要实践:语文项目化学习刍议》,《中学语文教学》2021年第4期。

一、演讲单元与项目化学习的关联

项目化学习是以学习项目为载体、以项目任务的完成为导向的语文综合实践活动,也是指导学生在真实(拟真实)情境下解决复杂问题、真实问题的研究过程,目的在于培养学生的语言建构和运用、思维发展和提升等核心素养。

(1) 演讲单元是一个围绕演讲目标的设定、内容的整合、项目的实施与评价的"完整"的学习项目,项目名称为"我的成长和我的梦想"演讲比赛,以学生参与演讲活动为主线驱动,学生完成活动任务单过程就是项目学习过程。任务单上有三个任务,即"学习演讲词""撰写演讲稿""举办演讲比赛",每个任务是一个子项目,后一个任务在前一个的基础上完成。

(2) 每个任务的导读部分都设计了专题学习的探究板块,三个专题组成了演讲单元活动探究的全过程。如"学习演讲词"板块的设计:① 附录演讲词的主要特点介绍;② 阅读教材提供的四篇演讲词,把握特点;③ 模拟演讲,体会演讲的"感觉"。

二、演讲单元项目化学习的实施策略和途径

1. 以目标为导向,指向语文核心素养

项目化学习首先要明晰通过本项目的学习,学生在学习能力和核心素养方面要达成的目标。《课标》提出"语文课程是一门学习祖国语言文字运用的综合性、实践性课程",强调语文课程重在"语言文字运用",学生在语言运用活动中积累和建构起来的关键能力、人文精神、价值观才是语文学习的终极目标。具体来说,评价语文学习活动设计好不好,首先是看"语文味"足不足,其次才是思维的提升、审美与创造等。

演讲是在公开场合把自己的想法和意图充分表达的"说",演讲能力是演讲者"听说读写"能力的综合,演讲单元就是以演讲的方式学习演讲的学习项目。活动任务分别指向不同的能力:"学习演讲词"指向"读",从教材的演讲词语料中分析特点,体会演讲风格;"撰写演讲稿"注重"写",借鉴一般的写作手法,体现出演讲的特征;"举办演讲比赛"侧重"讲"和"演",关注的是"演讲技巧""口语表达"

"临场应变"等多种能力,最终指向核心素养。

2. 以单元为整体,整合项目的学习方法、学习内容、学习资源

项目化学习的特征之一就是整合,整合演讲单元的篇章阅读教学,整合单元课程内的学习内容和学习资源。崔允漷认为:"这里所说的单元是一种学习单位,一个单元就是一个学习事件,一个完整的学习故事,因此一个单元就是一个微课程……"

演讲单元的教学应有"大单元"教学的意识。演讲单元,是一个学习单元,"一个学习单元由素养目标、课时、情境、任务、知识点等组成,单元就是将这些要素按某种需求和规范组织起来,形成一个有结构的整体"①,这个"整体"就是一个语文学习项目。

单元内的篇章阅读教学是大单元视域中的一部分,教师须在分析篇章文本内在关系的基础上,将散的篇章加以整合,以单元教学思维取代单篇教学思维。演讲单元的子项目"学习演讲词"中提供了四篇风格各异的演讲词,教学时可以采用"1+X"的群文阅读教学形式加以整合,确定《最后一次讲演》为定篇的"1",采用教读课型,其他三篇为自读课型。笔者设计项目教学流程如下。

(1) 教读《最后一次讲演》,分析闻一多先生"讲了什么、讲给谁听、为什么要讲",明确演讲的对象、演讲的观点、演讲的思路、演讲的语言风格。
(2) 自读其他三篇演讲词,结合演讲者的背景,找到这三篇演讲词的特点。
(3) 自主选取篇章演讲词的精彩段落,模拟演讲,体会好的演讲词特征。
(4) 自制表格,梳理四篇演讲词的特征,在此基础上归纳并探究好的演讲词评价标准。

这种"1+X"的群文阅读教学形式,精读一篇,自主探究多篇,学生既获得演讲语文核心知识,又提高了阅读学习的效率。这种整合,是在深入分析四篇演讲文本基础上的教学整合。

整合演讲单元的学习内容和学习资源,如教材提供的阅读材料、专题指导、名家演讲稿及现场演讲视音频资料等,使"我的成长和我的梦想"演讲比赛项目

---

① 崔允漷:《如何开展指向学科核心素养的大单元设计》,《北京教育(普教)》2019年第2期。

真正成为一个整体。

3. 以情境为支点,构建言语活动的语境

项目化的活动探究单元是以完成任务为追求的语文综合实践活动。所谓"任务"就是有着真实情境的问题。学生在真实的语境中,通过阅读和鉴赏、表达和交流、梳理和探究等学习方式解决问题。《课标》强调"真实、富有意义的语文实践活动情境是学生语文学科核心素养形成、发展和表现的载体"。演讲单元的项目化学习实质是语言实践活动,项目学习的"大任务"离不开"真实的语言运用情境"。"语文教学视域的情境一定是能促进学生言语实践活动的情境。"[①]

以"举办'我的成长和我的梦想'演讲比赛"为"大任务",活动的情境主要包括个人体验情境、社会生活情境和学科认知情境。以"学习演讲词"为主的多个文本的阅读和鉴赏,学习名家的视音频演讲,观看"超级演说家"综艺节目,都是言语的学习,属于学科认知情境;班级组织的演讲比赛是社会生活情境,包括小组讨论、制定评分表、邀请裁判打分、选手参赛、颁奖等;学写演讲稿、模拟演讲、临场演说,都属于个人体验情境,学生个体在演讲活动中始终具有演讲的现场感,由此可见"'我的成长和我的梦想'演讲比赛"的"大情境",是生活的、真实的,也是典型的。

在演讲比赛的情境任务中,学生缺少的是掌握演讲言语知识、能力后的"举一反三",学生在教师指导下,归纳并制定"演讲单元情境分析表",通过完成量表来提升自己在不同情境中的理解、迁移、运用能力。

演讲单元情境分析表

获取新知识(获得)	学习演讲词	撰写演讲稿	举办(参加)演讲比赛
知识适应新任务(转换)	阅读《最后一次讲演》等四篇演讲词,学习、理解演讲词语言和风格。	借鉴前文的写作手法,学写演讲稿,试讲,并修改。	搜集名家演讲音视频资料,关注演讲技巧,现场比赛展示演讲水平,赛后总结。

---

① 中华人民共和国教育部:《普通高中语文课程标准(2017年版,2020年修订)》,北京:人民教育出版社,2020年。

获取新知识(获得)	学习演讲词	撰写演讲稿	举办(参加)演讲比赛
知识使用在新任务(迁移)	模拟演讲中的片段,归纳演讲写作技巧、迁移、运用。	在读写的基础上尝试演练。	对演讲学习项目的反思,包括演讲活动的语文核心知识、个人学习方式等。
核验知识使用的方法与该任务适合度(评价)			

通过此表,我们发现,在"大任务"的引领下,"言语"的理解、运用、迁移能力是情境设计的核心。王荣生教授认为:"目前'基于项目的学习'案例,由'基本问题'通向'大概念'深度'理解'的单元设计,更适宜语文学科。"[①]

演讲单元的三个子项目任务,暗含了三种演讲学科知识:演讲词的特点、演讲稿的撰写、现场演讲的表达。在真实的语言运用情境——演讲比赛中,学生表达出自己的见解、体验、反思。

4. 以任务为驱动,发挥项目学习的综合效应

项目化学习是"做中学",需要将"大任务"分解为阶段"小任务",每个"小任务"之间都有逻辑关联,项目化学习以任务驱动为特征,指向实际问题解决,具有学术探究特点;指向深度学习,具有综合性的特点;指向语文实践活动全程,具有系统性的特点。

演讲单元以学生的演讲活动为任务驱动,以"我的梦想"为主题,撰写演讲稿,参加演讲比赛,讲出自己的成长,讲出自己的梦想。"我的成长和我的梦想"演讲比赛项目学习流程如下:

任务一　学习演讲词　群文阅读　走进梦想

(1) 阅读教材提供的四篇演讲词,理解闻一多、丁肇中、王选、顾拜旦的思想观点,把握其演讲词特点。

(2) 以小组为单位,从演讲词中任选两到三个段落,结合阅读所得,探讨好

---

① 王荣生:《略述"问题情境"中的探究学习:基于相关译著的考察分析》,《中国教育学刊》2021年第3期。

的演讲词的风格特点,设计演讲词评分表。

(3) 两人组模拟演讲,展示,一人演讲,一人解说。

演讲词的学习、演讲词评分表的制定、模拟演讲,放大了任务一学习的综合效应,学生通过"读""说",对演讲写作及表达有着直接的体验。

教材中演讲词语料的分析

篇目	内容	演讲风格	演讲写作技巧
最后一次讲演	即兴演讲——闻一多面对特务在李公朴追悼大会上的破坏拍案而起。	语言慷慨激昂,感染力和号召力充足。	开门见山,吸引听众关注。
应有格物致知的精神	议论性演讲——丁肇中围绕如何学习自然科学发表自己的看法。	观点鲜明,层层论述,论述风格准确严谨,体现出科学家的思维。	开头提出问题,引发思考。
我一生中的重要抉择	叙述性演讲——王选讲述自己一生奋斗体会。	贴近青年,举例较多,用语亲切,幽默风趣,缩短与青年的距离。	针对性强,精心设计结语,重申观点,加深印象。
庆祝奥林匹克运动复兴25周年	阐释性演讲——顾拜旦在国际会议上的发言,讲述奥林匹克的精神。	格局宏大,立意深远,呈现出庄重、典雅的演讲风格。	结尾采用庄重而又热情的称呼展现出特别的仪式感,展望未来,鼓舞人心。

任务二 撰写演讲稿 学生创作,书写梦想

(1) 阅读教材提供的演讲词写作提示,了解演讲词特征。

(2) 撰写演讲稿。

(3) 小组分享交流,修改提升,教师点评并现场指导。

撰写演讲稿用好教材提供的"支架":

情境支架:将"我的成长和我的梦想"的大任务作为活动的情境"支架",演讲任务伴随学生演讲学习全过程。

教材提供的演讲稿写作技巧的"支架":要有针对性,做到心中有听众;注意写好开头,吸引听众的关注;明确表达观点,把思路展现出来;精心设计结语,提升演讲的效果;着力锤炼语言,增强演讲的感染力。简单概括就是演讲的话说给谁听—演讲的话要讲清晰—演讲的话要讲动听。

任务三　举办演讲比赛　畅意表达，展示梦想

赛前准备：(1)搜集演讲视音频资料，自己演练。(2)小组选拔，选手参赛。(3)推选主持人，设计演讲现场比赛评分表。

现场比赛：(1)选手临场发挥。(2)评委打分，公布获奖名单。(3)获奖学生感言，评委点评。

在这一任务设计中，"群文阅读"是与演讲文本对话；"书写梦想"是与自己对话；"展示梦想"则是与社会对话。通过"对话"的过程，学生的语言运用和思维拓展、审美体验都得到发展，演讲项目的综合效能充分显现。

5. 以评价为抓手，细化过程增值

传统的语文学习评价往往忽略形成性评价，只注重终结性评价，对学生的过程性评价缺失，而项目化学习评价则伴随学习的全过程，"形成性评价具有在发展过程中持续评价的功能，终结性评价则是对一个项目最终的总体评价"[①]，两者构成了项目学习评价的全部。

对学生的过程评价须关注学生在"小任务"中的能力和素养的差异，细化过程增值，在"真实"的基础上，设计可操作的评价指标和量表，反馈出学生在不同子项目中素养和能力的变化波动。

(1)自评单

自评单清晰地记录了学生在任务中已完成的情况以及需要达成的目标，指向语文核心素养测评。任务一评价围绕"学习演讲词，把握演讲风格"两个维度进行评价，考查的是阅读、鉴赏能力；任务二针对"写演讲稿"评价，考查写作能力；任务三的"举办演讲比赛"活动测评，考查学生组织协调、沟通、演讲水平等，发挥自评单过程评价的诊断功能，及时准确地反馈学生的不足，细化过程中的素养评价。

---

① 夏雪梅：《项目化学习设计：学习素养视角下的国际与本土实践》，北京：教育科学出版社，2018年，第115页。

"我的成长与我的梦想"演讲比赛自评单

评价内容 任务活动	语文学科的学习内容		过程展示的语文能力	
	应学知识	实学知识	应用能力	实用能力
任务一				
任务二				
任务三				
项目总评价				

(2)演讲词评分表

"学习演讲词",判断其阅读与鉴赏目标达成的依据就是"演讲词评分表",这是演讲阅读成果的总结。这个评分表也可作为标准,撰写并修改演讲稿,任务一和任务二侧重学生个体的演讲文本,突出的是"读写"。

演讲词评分表

评价维度	评价标准	星级评价
演讲内容	紧扣主题,针对性强。	☆☆☆☆☆
	观点明确,思路清晰,见解独到。	☆☆☆☆☆
	材料真实、新颖、贴近大众生活。	☆☆☆☆☆
	写好开头、精心设计结语。	☆☆☆☆☆
	情感真实,文字富有感染力。	☆☆☆☆☆

(3)演讲比赛现场评分表

"举行演讲比赛",特点是活动化,突出"说",从表达交流的角度,指导学生关注演讲时的语言表达、形象风度、现场效果。

评价维度	评价标准	星级评价
语言表达	吐字清晰,声音洪亮。	☆☆☆☆☆
	情感真挚,富有激情,能根据演讲内容调整语速、语气。	☆☆☆☆☆
	表达准确、流畅、自然。	☆☆☆☆☆

续表

评价维度	评价标准	星级评价
形象风度	仪态端庄,举止得体。	☆☆☆☆☆
	直面听众,适时眼神交流,调整演讲内容、语气、体态。	☆☆☆☆☆
	精神饱满,手势动作合适。	☆☆☆☆☆
现场效果	应对突发自然、机智,现场气氛好。	☆☆☆☆☆
	具有感染力,有良好的演讲效果。	☆☆☆☆☆

对学生语文核心素养的过程增值评价,需要就每个具体任务来谈,在"学写演讲稿"任务中,对学生个体在过程中的表现,采用自评、组评、师评等形式,学生根据评价信息反馈,及时调整学习策略,自评单、演讲词评分表和个人的演讲稿就是项目成果,是对学生完成任务过程中表现出来的素养和能力评价的判断依据;在"现场演讲比赛"任务中,学生的演讲水平和获奖名单及赛后反思是终结性评价的成果。

演讲项目评价是过程性和终结性评价的共同体,指向学生语文能力的线性发展,指向学生语文素养的提升。"我的成长与我的梦想"演讲比赛项目归根结底是语文实践活动,是有"语文味"的项目,评价的重点落在学科核心素养的展现,落在演讲语言的建构和运用,落在高阶思维的拓展和提高。

演讲单元项目化的语文学习是活动探究单元教学的一次有意义的尝试,与初中语文教学改革的趋势相一致,也是为了更好地适应义务教育语文新的课程教学变革的到来。

"主话题"设计在阅读教学流程中的优化

在语文新课改的大背景下,在"积极提倡自主、合作、探究的学习方式,让学生主动进行探究性学习,在实践中学习语文,逐步培养学生探究性阅读与创造性阅读能力""阅读教学是教师、学生与文本的'对话'"①等教学理念的指导下,提问式教学盛极一时,但因教师对文本的细读不到位,设计的提问问题过多,简单应答的"碎问"、盲目随意的"追问"、与文本理解无关的"空问"等现象屡见课堂。如何摆脱单一的问答形式,如何提高设计的问题实效性及对课堂语文活动的指导性成为语文同人思考的焦点。而"主话题探究教学模式"则是一个富有实效的阅读教学模式。

所谓"话题",余映潮老师的解释是"'话题'就是谈话的中心,就是引发谈话的由头"②。阅读教学中的"主话题",顾名思义就是对课文阅读起到"牵一发而动全身"的重要问题或提问。"主话题"的提出,目的是引出学生的学习活动,引导学生以对"主话题"的理解为抓手,对文本进行认识、理解、品析、欣赏、探究。学生对话题讨论的过程,其实就是学生自主学习的过程,对"主话题"的探究能真正提高学生的阅读质量,加深学生思考理解文本的深度。每个主话题的设计着眼于支持或引导一个较长的教学环节,所提问题的减少使学生有充裕的时间展开学习活动,课堂的气氛就显得更加生动活泼。用精、少、活、实的"主话题"实实在在地激活课堂,释放学生的学习热情,提高学生探究性阅读与创造性阅读

---

① 中华人民共和国教育部:《全日制义务教育语文课程标准(实验稿)》,北京:北京师范大学出版社,2001年。
② 余映潮:《"主问题"的教学魅力》,《中学语文》2011年第7期。

能力。

主话题探究在课堂教学流程中起到了精炼教学内容、优化教学环节、提高教学实效的作用。

首先,在文本教学的整体感知阶段,设置的主话题,犹如线索帮助学生整体感知文意,加深学生阅读文本后的思考。这正如宁鸿彬老师所说的:"理想的初读应该是通过教师的巧妙安排,使学生在读课文之前对课文产生浓厚兴趣,具有要一口气读完,了解其全部内容的强烈愿望或是怀有通过阅读课文解决某些问题的明确目的。"主话题此时就是一条主线,把各项教学内容串联起来,使一节课形成一个整体:即主线鲜明,整体性强,从而有效指导学生在课堂上思维活动的激发、引入、拓展等方面。以教授《皇帝的新装》教学实录为例[①]:

师:很好!下面准备读课文。读完之后,请你们给这篇童话加个副标题,一个什么样的皇帝(板书,一个……的皇帝)。省略号是什么意思?

生(齐):要填出来形容皇帝的词语。

……

师:这两个字的读音今后要多加注意。下面再给大家两分钟准备时间,请你们给本文拟一个副标题——一个什么样的皇帝,最好能结合课文做些解释。(众生翻书思考)

生10:我添加的副标题是"一个愚蠢的皇帝"。因为课文中那两个自称是织工的骗子,根本没织衣服,也没给皇帝穿衣服,只是做做样子而已。而皇帝为了炫耀自己,还穿着这件实际上并不存在的衣服去参加隆重的游行大典。这一切,作为常人都能分辨出来,他却上当受骗,所以我认为他是个愚蠢的皇帝。

生11:我拟的副标题是"一个爱美的皇帝"。因为文中的皇帝一天到晚考虑的总是如何穿换新衣服。

师:你说的"爱美"是他的优点还是缺点?

---

① 宁鸿彬:《宁鸿彬文选》,桂林:漓江出版社,1996年。

生11：当然是缺点。

师：如果是缺点，光说"爱美"是不行的。爱美之心，人皆有之。我也爱美，你们看，我上课还穿西服系领带呢，我这60岁的老头儿，也爱美。但是，这是优点，不是缺点。作为教师，应该服装整洁、落落大方。你能不能把刚才的说法稍加修改，使人一听，就知道说的是缺点。（生稍停一会）

生11：爱美过度。

师：很好！过分讲究穿戴就是缺点了。这也就是我们常说的什么词？

生12：臭美。

（众生笑）

师：就是这样说的。这显然是贬义。

生13：我认为是"一个虚伪的皇帝"。因为他天天换衣服，每时每刻都换衣服，换得太勤了。

师：这叫虚伪？老换衣服就是虚伪吗？

生13（未语）

生14：这叫虚荣。

师：对！那么什么叫虚伪呢？

生15：虚伪就是不实事求是，不暴露真面目、真思想，搞伪装，说假话。总之，是装出一副假象。

（师点头表示肯定）

生16：我添加的副标题是"一个不可救药的皇帝"。因为他整天想的是穿新衣，从来也不关心国家大事，这样统治国家，国家必将走向灭亡。所以他是一个不可救药的皇帝。

师：他不可救药的主要表现是什么呢？

生16：（似有所悟）噢！主要表现在课文的最后，当那个小孩儿的话已经普遍传开的时候，那皇帝不仅继续游行，而且表现出一副更骄傲的神气。这就表现了他的顽固不化、不可救药。

师：说得好！就是这样。

生17：我加的副标题是"一个昏庸的皇帝"。他身为皇帝，不去治理国家大事,不去关心臣民百姓,而是整天待在更衣室里,可见他是个昏君。他听信骗子的谎话,他还听信内臣们的话,赤身裸体去游行,都说明他一点儿头脑都没有。他是个十分昏庸的皇帝。

生18:我拟的副标题是"一个无能的皇帝"。他认为最诚实的、很有理智的、最称职的老大臣,却向他说假话,做假汇报,可见这个老大臣是不诚实的、没有理智的、不称职的。他连自己身边的最信任的大臣都没有认清,这说明他是十分无能的。

生19:我添的副标题是"一个无知的皇帝"。我认为那两个骗子并不聪明。他们的谎话,只要有点头脑的人便可识破。可是这个皇帝呢,当他在织布机前看不到布料时,竟然没有丝毫的怀疑,而是在想自己是否不够资格当皇帝。他真是连起码的知识也没有,他是一个无知的皇帝。

生20:我加的副标题是"一个不称职的皇帝"。我说他不称职并不是因为他看不见布料,而是因为他不务正业、不明是非、不辨真伪。这样一个昏庸、虚伪、无能的皇帝是不称职的。

师:大家从现象到本质阐明了自己的观点,这很好。刚才大家的发言绝大部分是对的,个别有点毛病的也纠正了。通过这个练习,我们对课文中的主要人物——皇帝有了一定的认识。

笔者揣摩着宁老师所提的问题:"请你们给这篇童话加个副标题,一个什么样的皇帝。"这就是主话题,这种教学创新是通过加副标题的形式,直接引导学生对皇帝这一人物的领会,从形式上看,宁老师在这个环节上使用的"拟标题"的步骤是:学生解读课文拟标题—学生发表自己的看法(阐述自己的标题及理由)—教师点评。

从学生"学"的活动上看,学生积极主动地参与了教师组织的"拟标题"活动,所拟的标题都是建立在学生自己对课文理解的基础上,十个学生陈述了自己所拟的标题及拟题的理由,教师对学生的发言作出了点评,细细读,我们发现前面几位学生的探究结果"遇到了不少问题":如第11号学生拟的标题是"一个爱美的皇帝",第13号学生拟的标题是"一个虚伪的皇帝",显然这里"爱美""虚伪"皆属于用词不当,没有区分词语的感情色彩。宁老师适时地点评,针对"爱美","师:如果是缺点,光说'爱美'是不行的。爱美之心,人皆有之。我也爱美,你们看,我上课还穿西服系领带呢,我这60岁的老头儿,也爱美。但是,这是优点,不是缺点。作为教师,应该服装整洁、落落大方。你能不能把刚才的说法稍加修改,使人一听,就知道说的是缺点。"引导学生答出"爱美过度"、"臭美"。针对"虚伪","师:这叫虚伪?老换衣服就是虚伪吗?"引导学生答出"虚荣"这个词。由此可以看出"请你们给这篇童话加个副标题",实际上是借学生试拟标题的语文活动,牵动学生对全文整体感知,体味出文本的语文味后,进行的发散性思维的语言训练。用"侧面入手,正面解读"的方式切入课文,学生的思维轨迹是感知—概括—判断—确定。通过对这个主问题答案的探究,学生既能体会到拟题的艺术,又可以加深对课文的理解。

文本教学的整体感知阶段,设置的主话题使学生对课文的初读自始至终处于积极的状态,帮助学生思维活动的激发。学生参与文本活动充分,对课文的理解也有了一定的深度。

其次,在文本教学的理解阶段,用主话题建构课堂教学的主要学习活动,帮助学生逐步认识、理解、品析、欣赏、探究课文,把握作者的写作意图,触及文本的"灵魂"。以所上的示范课《湖心亭看雪》[①]为例。

老师让学生整体感知文本后,提出了一个问题:"将这篇文章划分为四段是不是让我们更容易理解一些呢?"指导学生尝试将人教版《湖心亭看雪》全文两段改编为四段。

师:将这篇文章划分为四段是不是让我们更容易理解一些呢?

(学生合作思考,试着划分,学生的回答意见不统一)

师:(展示自己的四段划分)(屏显)

---

① 余映潮:《余映潮讲语文》,北京:语文出版社,2007年。

> 崇祯五年十二月,余住西湖。大雪三日,湖中人鸟声俱绝。
>
> 是日更定,余拿一小舟,拥毳衣炉火,独往湖心亭看雪。雾凇沆砀,天与云与山与水,上下一白。湖上影子,惟长堤一痕、湖心亭一点、与余舟一芥、舟中人两三粒而已。
>
> 到亭上,有两人铺毡对坐,一童子烧酒炉正沸。见余,大喜曰:"湖中焉得更有此人!"拉余同饮。余强饮三大白而别。问其姓氏,是金陵人,客此。
>
> 及下船,舟子喃喃曰:"莫说相公痴,更有痴似相公者!"

老师通过"将这篇文章划分为四段是不是让我们更容易理解一些呢?"这个主话题请学生将课文由两段改编为四段,意在让学生通过对课文文脉的分析来熟悉课文的背景、情境、故事、意味分别是哪几句,体会到古文内在的结构及语言中寄予的情味。这种"变形"就是给课文划分段落,在新课程背景下正被淡化的传统语文学习方法,老师就是运用这个"抓手",引导学生将这寥寥一百五十多字的神品,按背景、情境、故事、意味四个方面与古人写文章讲求的"起""承""转""合"构成对应联系,更方便学生的理解。老师改编后的《湖心亭看雪》具有了散文诗的味道。这种"变形"调动了学生初读课文后的知识积累,深入文本进行活动,它较好地串起了文章的布局、表达方式、艺术手法等学习内容。

这种主话题式的"变形",变的是文字排列组合的表面,不变的是对文章的揣摩、学习、运用。仅此一个话题,就能让学生活动充分,对课文反复阅读,不断概括,多角度地理解,从而从多方面训练学生的阅读能力与概括能力。由此看来,在文本的理解阶段,主话题有利于简化教学头绪,强调内容的综合,有利于课堂上大量语文教学实践活动的展开,有利于高效语文课堂教学的构建。

最后,在文本教学的高潮阶段(也叫深化阶段),主话题的作用体现在激发思考、拓宽思路、强化创造,形成文本教学的高潮。以著名特级教师黄厚江的课例

《阿房宫赋》①来品析。

师：同学们，我读《阿房宫赋》反复读反复读，越读越短，读到最后，这篇文章只剩下几个句子，我大胆把它缩成这样一段话：（屏显）

> 阿房宫，其形可谓（　）矣，其制可谓（　）矣，宫中之女可谓（　）矣，宫中之宝可谓（　）矣，其费可谓（　）矣，其奢可谓（　）矣。其亡亦可谓（　）矣！嗟乎！后人哀之而不鉴之，亦可（　）矣！

师：根据你对课文的熟悉程度，想一想在这些括号里填上什么样的词比较合适，你能填出哪一个就填哪一个。

（学生讨论回答）

师（最后明确）：

> 阿房宫，其形可谓（雄）矣，其制可谓（大）矣，宫中之女可谓（众）矣，宫中之宝可谓（多）矣，其费可谓（糜）矣，其奢可谓（极）矣。其亡亦可谓（速）矣！嗟乎！后人哀之而不鉴之，亦可（悲）矣！

黄老师设计的填空，既是对整篇课文内容提要的概括，又是分组深入理解各部分内容的导向。读文章，古人常说，要读进去，也要能跳出来。余映潮老师也提出教师在解读文本时要"读厚教薄"，一个优秀教师只有在备课时吃透教材，教学时才能"胸有成竹"。

黄老师此处的教学妙点：一是主话题的设计有细，细在通过这段缩写，学生既有了对文本的整体感知，也训练了学生对思路梳理、主旨概括的能力。学生边读边探究选字的过程，也是学习文本的学习过程。学生所填的与教师所想的是否相同是次要的，重要的是学生填写的过程就是熟悉文本的过程。二是点拨有法。细细读黄老师的三次点拨的话语：

---

① 黄厚江：《黄厚江讲语文》，北京：语文出版社，2007年。

1. 师：大家想到的是"美"，可是否写宫女的美呢？

2. 师：大家填的这个词应该修饰"奢"，"奢侈"二字意思相近，我们常常说"这个人简直奢侈到了……"

3. 师：哀矣，必矣，都有道理，但是我填的不是这两个词，我填的是《六国论》里刚学的一个字，有哪位同学想出来了？（有生答"速"）对了，速。你想，秦始皇自己筑阿房宫，还没筑好，秦已经亡了。其亡亦可谓速矣。

品析第1处学生说宫中之女可谓美是常态思维，教师留下疑问，让学生思考；第2处通过"我们常常说'这个人简直奢侈到了……'"的举例，引导学生答出"极点"一词；第3处"我填的是《六国论》里刚学的一个字，有哪位同学想出来了？"，黄老师借助于前面学习过的古文知识来亮出答案"速"，三次点拨，方法各异，加深了学生对文本的理解。

学生正是通过填写查找相关的句子、词语来感知内容、梳理层次、体验情感，形成课文教学的高潮。

主话题探究教学作为语文教艺百花园中的奇葩，经过探究者的浇灌，必将愈加娇艳，让我们齐动手，共创语文教艺的美好明天。

"诵读"的价值、表现和教学策略研究

2022年南京市中考作文题目"＿＿＿身边的文学踪迹"新鲜出炉后,"南京世界文学之都"冲上热搜,"文学踪迹"解读为:人在场景中产生行为留下的与文学有关的痕迹,如徜徉乌衣巷,唐刘禹锡的"朱雀桥边野草花,乌衣巷口夕阳斜";泛舟秦淮,吟咏朱自清的《桨声灯影里的秦淮河》等。这些都是学生写作语言材料的积累,词语、句子积累越多,语言经验越丰富,学生的语言水平就越高。如何丰富学生的语言经验,"诵读"无疑是好方法。叶圣陶先生说过:"吟诵是心、眼、口、耳并用的一种学习方法,通过亲切的体会,不知不觉之间,内容与理法化而为读者自己的东西。"

那么"诵读"的价值有哪些?"诵读"的表现形式是什么?"诵读"在教学中如何优化?下面笔者根据新课标的相关表述,结合"诵读"教学研究现状,对上面的问题进行阐述。

一、"诵读"的价值

新课标说:"诵读、积累与梳理,重在培养兴趣、语感和习惯。"学生通过诵读,将规范的课文语言转化成为自己的语言,积累语言材料和语言经验,形成良好语感;通过诵读,吸收古今中外的优秀文化成果,提升文化修养,建立文化自信;通过语气、语调的品读,读懂课文,读懂作者情感。

1. "诵读"是语言经验积累的增长点

《义务教育语文课程标准(2022版)》(以下简称"新课标")指出:"在语文课程中,学生的思维能力、审美创造、文化自信都以语言运用为基础,并在学生个体语言经验发展过程中得以实现。"从本质上讲,语文学习是学生个体语言经验的积累,是语用能力的建构。积累语言经验是学习语文的前提和基础,语文课的重心要从注重知识教学向语言经验的积累上转变,语言经验的积累要立足语言文字的表达实践,聚焦"语用",通过实践去丰富学生的语言经验,形成语感。诵读帮助学生扩大语言材料的积累,丰富语言运用的经验,训练语感的形成。积累佳句美词的语言材料,目的是语言运用,只有举一反三、灵活运用,才能真正将课文语言转变为自己的语言经验。学生的语言经验丰富了、语言运用能力提高了,语文核心素养才能融入学生的言语表达中。

2. "诵读"是先进文化学习的发力点

"诵读"的教材"读本"选择对象是彰显先进文化的文学作品和诗歌,文辞优美。"新课标"提出:"将语言梳理与体认社会主义先进文化、革命文化、中华优秀传统文化相结合;引导学生在语言积累中感受中华文化的魅力,激发热爱中华文化的情感。""读本"的编排中,代表"中华优秀传统文化"的文言文和诗歌占据部编语文教材的"半壁江山",彰显"革命文化"的名篇《周总理,你在哪里?》《老山界》《白杨礼赞》等也成为"读本"的首选,脍炙人口的千古名篇和名言名句,既有文化内涵,又短小精悍,朗朗上口的语言材料都包含其中,"诵读"的"读本"呈现先进性、多样性的特点。多种形式的"诵读",帮助学生丰富自己的积累,分类整理、欣赏、交流所积累的词语、名句、诗文等,吸收课文语言,转化为自己的语言经验,在日常读写活动中积极运用,提升自身的中华文化修养。

3. "诵读"是文本解读的"落脚点"

诵读是"让学生认知文字,感受规律,体味词句,领会情感,品味意境,发展语感的充满情致的实践活动"[①]。"诵读"的过程,是对文本解读再加工的过程,借助于语气、语调、重音和节奏等变化,融入体态语、手势、表情等,通过"分角色诵读""演读"等多形式的"诵读"活动,诵读者对文本进行个性化的解读和表达,呈现风格化、个性化甚至戏剧化。由读入文,因文生情,这里的"文"和"情"是基于文本的,披文入情,是理解文本,揣摩文句后的再创作,学生在"课堂内容的情境"

---

① 余映潮:《余映潮语文教学设计技法80讲》,广州:广东人民出版社,2014年,第18页。

中,通过诵读实践,建构自己的独特个体语言体验,读懂文本。

二、"诵读"的基本内涵与表现形式

1. "诵读"的基本内涵

"诵读"是"有感情地朗读","新课标"明确提出:"引导学生综合运用朗读、默读、诵读、复述、评述等方法学习作品。""诵读"不仅是用语言手段来表达作品思想感情的语言艺术,更是培养学生文化自信的重要学习方法,是"语言文字积累与梳理"学习任务群的主要学习形式。

学生通过诵读,将文字由大脑品析后,用声音传递出对文字所生成的感受;诵读也是培养语言经验的有效方法,是对文本理解的有效"支架",学生借助语气、语调等"诵读"将文本的意境、情感再现,加深对文本的解读。

2. "诵读"的表现形式

"新课标"强调"借助语气语调、重音节奏等传递汉语声韵之美,在反复朗读中加深对文本内容的理解"。可见语气、语调、重音、节奏的重要。

(1)语气:《现代汉语词典》(第7版)对"语气"释义:① 说话的口气,说话时流露出来的感情色彩。② 表示陈述、疑问、祈使、感叹等语法范畴。

教学中,学生往往通过句式、标点符号、语气词和叹词的辨析来揣摩语气,走进文本。

(2)语调:《现代汉语词典》(第7版)对"语调"释义:说话的腔调,就是一句话里语音高低轻重快慢的配置,表示一定的语气和情感。

重音是朗读时,为适应传情达意的需要,对语句中的某些词或短语以重读的形式加以强调。如:"因为有这样慈善的冬天,干啥还希望别的呢!"中的"慈善"和"别的"重音。

停连指语流中声音的中断和延续,与诵读文本的思想情感的变化要求相适应。为了方便理解,我们用∨表示停顿,用∧表示延续。如:

坐着,∨躺着,∨打两个滚,∧踢几脚球,∧赛几趟跑,∧捉几回迷藏。

升降包括升调和降调,表示陈述、感叹、请求等一般用降调,表示疑问、号召、惊异等一般用升调。

三、诵读教学的策略

1. 用好语气的"支架",指向文本阅读的深

学生诵读时,"语气"是否恰当显现出学生对文本的理解程度,句式、标点、语气词和叹词都是语气"诵读"的"支架"。

(1)语气词和标点的变形

《马说》是韩愈的名篇,全篇"不平之鸣"溢于文中,叹词和语气词是读出"语气"的"支架",叹词一般放在句首,单独表达情感,语气词通常是表达语气的虚词,常现于句尾处,通过诵读,读懂叹词和语气词在"课文内容语境"中的作用。

如将"呜呼!其真无马邪?其真不知马也!"变形后,诵读比较。

无马?不知马。

呜呼!其真无马邪?其真不知马也。

呜呼!其真无马邪?其真不知马也!

第一句"无马?不知马。"是自问自答的疑问语气,对"食马者"的控诉不强;第二句"呜呼"添加悲愤语气,"真无马"和"真不知马"形成对比,"也"表达出对"食马者"不识"千里马"的诘问和愤慨;第三句将"。"换为"!",控诉和呐喊语气增强,比读,让学生体会到韩愈的怀才不遇、对"食马者"的控诉。

(2)句式和词语的变形

《范进中举》选自吴敬梓的讽刺小说《儒林外史》,针对课后问题"范进中举,喜极而疯,是悲剧还是喜剧?"笔者设计了这样的"诵读":朗读下面的句子,你觉得适合用怎样的语气?为什么?

"噫!好了!我中了!"

"噫!好!我中了!"

"中了!中了!"

"噫"宣告范进穷困屈辱过去的终结,诵读时"惊喜"语气要读出来;从"好了"到"好"再到省略,句式的变化,洋溢着范进中举后的扬眉吐气,"中了"反复出现,需读出喜极而疯的语气。句式和词语的变形是范进"内心潜台词"的变化,学生的诵读,不仅有助于对"以笑写悲"的讽刺艺术的理解,也让学生沉浸在深深思考中:范进的发疯是个人的悲剧,也是封建社会的悲剧。

2. 抓住说话腔调的变化,指向学生的个性化诵读

语调的诵读有助于学生对文本内涵的理解和品鉴,因此学生诵读时要读出腔调的变化。

如执教苏轼名篇《记承天寺夜游》,全文虽仅80余字,却描述了清幽宁静的意境和作者复杂微妙的心境,诵读"庭下如积水空明,水中藻、荇交横,盖竹柏影也",对"盖竹柏影也"的停顿是学生理解的难点,引导学生联想:此刻苏轼站在庭院中,视线是由下到上,月光洒满庭院,如积水泻地,水中藻、荇交错,抬头后发现原来是"竹柏影",不由自主地发出"盖/竹柏影也"的感叹。这时"盖"后应停顿,学生有了"哦,原来如此"的顿悟。

对"何夜无月?何处无竹柏?但少闲人如吾两人者耳",如何理解苏轼复杂微妙的心境?

腔调中的重音和升降是本句诵读的关键,先出示苏轼小传的"支架",让学生了解苏轼。

学生个性化诵读,先认为"但"和"闲人"要重读,采用降调,读出苏轼的孤独和郁闷。后学生"演读"后比较:

(1)生(苦笑,摇头):何夜∨无月?(降调)何处∨无竹柏?(降调)但∨少闲人∧如吾两人者耳。

(2)生(微笑,点头):何夜∨无月?(升调)何处∨无竹柏?(升调)但少闲∧人如吾两人者耳。

披文入情,以声入文,教师引导学生多次诵读,读出语调、读出情感、读出层次、读出"语文味",学生个性化的诵读,对文本的品读由浅入深,对苏轼"豁达"

"乐观"的性格有了更深的体验。

3. 建构课文的文学体验情境,指向教学目标达成

《新课标》指出:"在真实的语言运用情境中,通过积极的语言实践,积累语言经验。"这就是说,学生个体的语言实践,需建构真实的"语境"。王宁说"所谓'情境',指的是课堂教学内容涉及的语境"①。文学体验是语文学科认知情境,依托于教材课文,如何建构课堂教学内容的文学体验情境,指向教学目标达成呢?"分角色诵读"是很好的方法。

笔者执教史铁生《秋天的怀念》时,尝试分角色朗读,读出"我"和母亲两次对话时的不同心情。

活动设计如下:

人物:我,母亲　　时间:秋天　　地点:卧室

(我双腿瘫痪后,望着天上北归的雁阵。)

母亲(小心翼翼,悄悄):"听说北海的花儿都开了,我推着你去走走。"

儿子(暴躁,喊着):"不,我不去! 我可活什么劲儿!"

母亲(忍住哭声,安慰):"咱娘儿俩在一块儿,好好儿活,好好儿活……"

(我又独自坐在屋里,看着窗外的树叶"唰唰啦啦"地飘落。)

母亲(央求):"北海的菊花开了,我推着你去看看吧。"

儿子(不耐烦):"什么时候?"

母亲(喜出望外,急切):"你要是愿意,就明天?"

儿子(应付):"好吧,就明天。"

母亲(激动):"那就赶紧准备准备。"

儿子(烦躁):"哎呀,烦不烦? 几步路,有什么好准备的!"

母亲(絮絮叨叨):"看完菊花,咱们就去'仿膳',你小时候最爱吃那儿的豌豆黄儿。还记得那回我带你去北海吗? 你偏说那杨树花是毛毛虫,跑

---

① 王宁:《语文学习任务群的"是"与"非":北京师范大学王宁教授访谈》,《语文建设》2019年第1期。

着，一脚踩扁一个……"

第一段对话中，读出了"我"与母亲的激动，读出"我"情绪的痛苦、绝望、暴躁，母亲忍住悲痛，好言劝慰。

第二段对话中，要有略微的轻松和愉快语气，读出母亲的喜出望外、絮絮叨叨，"我"的勉强应付。

分角色诵读，丰富了学生的语言经验，凭借对文章感情基调的把握，学生不仅读出了母爱的伟大，还读出了儿子的愧疚，同时也给读者以思考：沐浴在亲情中，我们是否只知接受，不会感动，也不懂回报呢？

4. 设计学习主题任务，指向核心素养的养成

《课标》提出："以生活为基础，以语文实践活动为主线，以学习主题为引领，以学习任务为载体，整合学习内容、情境、方法和资源等要素。"这就是说通过学习任务的驱动，推动学生解决问题，在问题解决过程中，呈现学生语文素养多样化的表现。

教读《与朱元思书》时，尝试用"诵读"来研习文本，以"感受汉语声韵之美"为主题引领，设计"诵读脚本"来"演读"《与朱元思书》，在"读"的过程中，感受、理解、欣赏骈文语言，丰富学生个体语言经验，初步培养学生感受美、发现美的审美意识，体会《与朱元思书》的人文蕴涵：放下争名利之心，忘情于天地大美之中。

（1）朗诵部的同学根据这篇文章写了一些朗诵脚本，请你选择自己喜欢的句子参与补充。

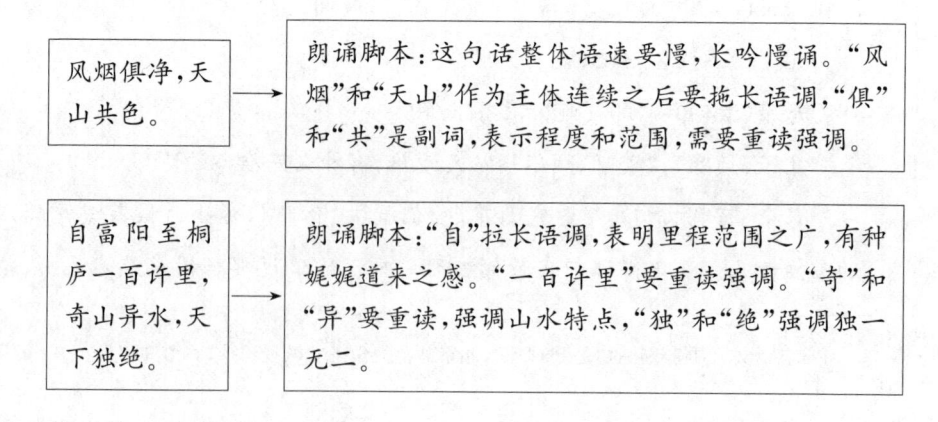

原句	朗诵脚本
风烟俱净，天山共色。	朗诵脚本：这句话整体语速要慢，长吟慢诵。"风烟"和"天山"作为主体连续之后要拖长语调，"俱"和"共"是副词，表示程度和范围，需要重读强调。
自富阳至桐庐一百许里，奇山异水，天下独绝。	朗诵脚本："自"拉长语调，表明里程范围之广，有种娓娓道来之感。"一百许里"要重读强调。"奇"和"异"要重读，强调山水特点，"独"和"绝"强调独一无二。

(设计意图:这篇短文用词炼字精妙绝伦,学生在写朗诵脚本之时,会反复吟咏句段,体会吴均遣词造句的妙处。)

(2)写作部的同学们依据文本特色,为我们编辑好了一部分文本,我们一起补充并配乐分角色朗读。

男1:风烟俱净,天山共色。从流飘荡,任意东西。自富阳至桐庐一百许里,

齐读:奇山异水,天下独绝。

女1:水清处——水皆缥碧,千丈见底。

女2:(水静处)——游鱼细石,直视无碍。

女齐读:(水急处)——急湍甚箭,猛浪若奔。

男齐读:夹岸高山,皆生寒树,负势竞上,互相轩邈,争高直指,千百成峰。

男1:(你听)——泉水激石,泠泠作响;好鸟相鸣,嘤嘤成韵。蝉则千转不穷,猿则百叫无绝。

男2:(你看)——横柯上蔽,在昼犹昏;疏条交映,有时见日。

男1:鸢飞戾天者,望峰息心;

女1:经纶世务者,窥谷忘反。

齐读:鸢飞戾天者,望峰息心;经纶世务者,窥谷忘反。横柯上蔽,在昼犹昏;疏条交映,有时见日。

设计意图:这次合作朗读是对以上三读的总结,在理清层次的同时,把握住了景物特点,通过配乐朗读和加上连接导语的方式让学生更好地发挥联想和想象,进入古文的意境。学生将诵读、品析、审美融为一体,扮演了设计者、实施者的角色,这样的解读,学生兴趣盎然。

通过有感情的"诵读",学生训练了语感,丰富了语言体验,从语气、韵味、节奏、停顿中浮现出各种生活场景,提升了形象思维能力,学生语言运用和审美创造的语文核心素养得以形成和发展。

"文学阅读和创意表达"学习任务群的单元设计和策略创新
——以九年级上册诗歌"活动·探究"单元为例

《义务教育语文课程标准（2022版）》（以下简称"新课标"）将"文学阅读和创意表达"作为三个发展型任务群之一，并明确提出："观察、感受自然和社会，表达自己独特的体验和思考，尝试创作文学作品。""尝试写诗歌"成为第四学段的具体要求，培养学生的诗歌创作能力成为九年级上诗歌"活动·探究"单元的核心任务。下面就以此单元为例，呈现"文学阅读和创意表达"任务群的设计。

一、锚定任务群目标，指向单元语文要素

学习任务群作为新课标提出的核心素养指向下课程组织与呈现方式的创新，为诗歌"活动·探究"单元的"创意表达"教学提供了新的理念和教学样态。依据诗歌单元"任务群"要求，选定学习主题，设计有内在逻辑关联的语文实践性活动，整合单元学习内容，锚定任务群的学习目标。

1. 彰显"文学阅读和创意表达"的价值与定位

"文学阅读和创意表达"任务群"旨在引导学生在语文实践活动中，通过整体感知、联想想象，感受文学语言和形象的独特魅力，获得个性化的审美体验；了解文学作品的基本特点，欣赏和评价语言文字作品，提高审美品位；观察、感受自然与社会，表达自己独特的体验与思考，尝试创作文学作品"[1]。其中涉及的关键阅读行为有感知、联想、想象、感受、欣赏、评价、表达、创作等，突出"个性化的

---

[1] 中华人民共和国教育部：《义务教育语文课程标准（2022年版）》，北京：人民教育出版社，2022年。

审美体验"和"独特的体验与思考",多媒介、多形式的阅读鉴赏、交流研讨、创意表达等读写活动将贯穿任务群的始终。

2. 梳理"文学阅读和创意表达"任务群中第四学段的"文学创意写作内容"

(1) 感悟革命先进及模范人物的理想信念和奋斗精神,运用多种方式交流自己的阅读感受。

(2) 借鉴优秀文学作品写法,表达自己对自然、社会的观察和思考,抒发自己独特的体验和情感。

(3) 尝试写诗歌、小小说等。

3. 确定诗歌单元的学习主题

依据新课标对"学习任务群"的要求,结合活动探究单元特点,确定以"岁月回响的诗"为学习主题,并设计了"回味咏情——诗歌鉴赏沙龙""回声传情——诗歌朗诵会""回荡抒情——新诗发布会"三个任务情境,具体思考如下:

学科分析:本单元属于"文学阅读和创意表达"任务群的学习单元,教材提供了六首诗作、诗歌鉴赏、朗诵、创作等方法指导,激发学生创作诗歌的热情,诗歌中独特的"诗体"和新颖的"语体"帮助学生积累鲜活的"诗语",丰富个性化的审美体验,捕捉思维表达的创意。

教材分析:(1) 本单元以"学习鉴赏""诗歌朗诵""尝试创作"三个任务为驱动,以阅读为抓手,整合阅读、朗诵、创作、资料搜集、活动成果展示等学习形式,组合成综合性的语文实践活动,凸显读写互动、听说融合、课内外贯通。(2) 本单元人文主题是"家国情怀",六首诗歌都表达了对祖国、对人民、对家乡、对自然的爱和赞美,学习本单元的诗歌,通过多种形式的诵读,理解诗歌运用"意象"、借景或借物表达情志的写法,感受诗歌魅力,尝试诗歌创作。

学情分析:九年级的学生,对事物的认知有自己的判断,但体验不丰富、思维不深刻;学生已经学过一些诗歌,对诗歌的基本特征有了初步的了解,对朗诵活动有热情,对创作诗歌有愿望,但缺少对诗歌艺术形象的品鉴方法,缺乏新诗写作经验。

4. 明晰诗歌单元的"大概念"及目标

单元"大概念"是诵读诗歌,欣赏诗歌,创作诗歌,具体目标:

(1) 在生活化的学习情境中,感受经典新诗的"岁月回响",体会新诗的意蕴和情感,丰富学生心中的"家国情怀",提高对新诗的审美感受能力。

(2) 在具体的问题情境中,借助批注、点评、朗读脚本设计、"诵读"、"比读"等方法,鉴赏新诗,通过想象还原新诗的意境画面,尝试新诗创作,提升形象思维和创造性思维能力。

(3) 在真实的语言运用情境中,结合自己的生活体验和阅读经验,通过仿写、创写等形式创作诗歌,与岁月对话,借助意象表达情感。

(4) 注重评价,借助过程性评价对诗歌诵读和新诗创作进行反思和改进,实现以评促改。

二、构建真实情境,创设典型任务

依据本单元"体验诗歌魅力"和"尝试诗歌创作"的目标,结合九年级学生已有的诗歌积累,我们确定了以"岁月回响的诗"为单元学习主题,创设如下的任务情境,建构单元学习任务群。(见下图)

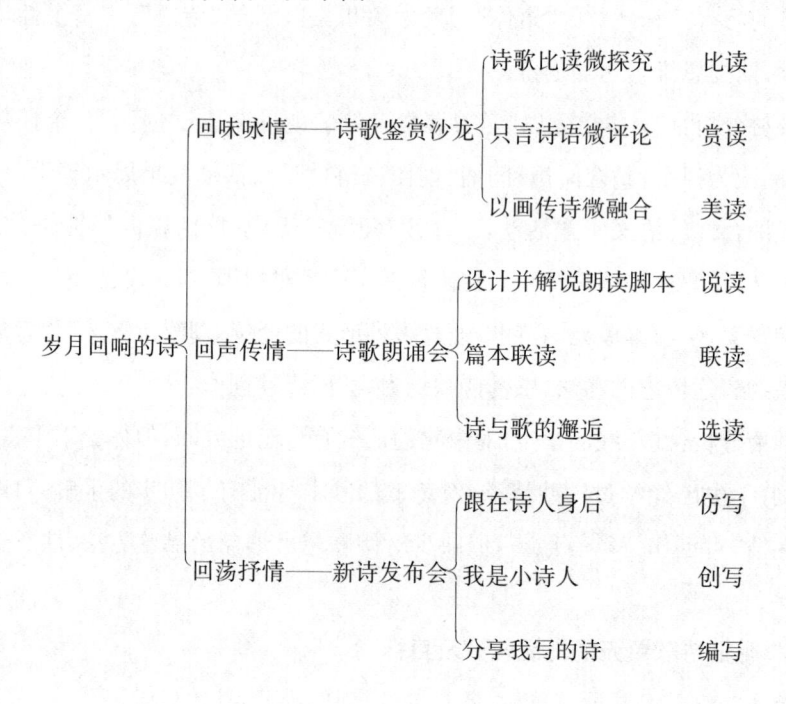

岁月回响的诗	回味咏情——诗歌鉴赏沙龙	诗歌比读微探究	比读
		只言诗语微评论	赏读
		以画传诗微融合	美读
	回声传情——诗歌朗诵会	设计并解说朗读脚本	说读
		篇本联读	联读
		诗与歌的邂逅	选读
	回荡抒情——新诗发布会	跟在诗人身后	仿写
		我是小诗人	创写
		分享我写的诗	编写

成长与诗歌同行,岁月与梦想交织,为让学生牢记历史,不忘先辈初心,浦口实验学校拟筹办"国庆诗会",作为九年级学生的成人礼,本次诗会以"岁月回响的诗"为主题,设置三个任务——"回味咏情——诗歌鉴赏沙龙""回声传情——诗歌朗诵会""回荡抒情——新诗发布会",我班积极响应,集体参加。

任务一"诗歌鉴赏沙龙"是通过诗歌沙龙,鼓励学生自主欣赏诗歌的意象美、音韵美、结构美、画面美,初步体验诗歌的魅力;任务二"诗歌朗诵会"是举办"朗诵会",让学生为自己喜欢的诗歌设计并解说朗读脚本,明晰朗读技巧,选择诵读的配乐,提升学生对诗歌内涵的理解力,诗歌"诵读"选文可由教材拓展至课外同类诗、同本诗,丰富学生的阅读体验,获得诗意的熏陶;任务三"新诗发布会",鼓励学生"跟在诗人身后"学会仿写,挑选名篇,学会改写,尝试原创诗歌,借助"新诗发布会"的平台,编写班级诗刊,展示诗歌学习成果,利用拟真实的语言运用情境,激发学生的创意表达能力,有助于"引导学生成长为主动的阅读者、积极的分享者和有创意的表达者"[①]。

具体设计如下:

任务一:回味咏情——诗歌鉴赏沙龙,包含三项学习活动。

活动1:诗歌比读微探究,小组合作,设计一个《诗歌比读鉴赏表》,要求通过梳理、比较、探究教材提供的六首诗的意象、手法、情感,学习诗歌借景(物)抒情的方法。

活动2:只言诗语微评论,用批注和点评等方式在班级公众号上对六首诗中独特的诗歌表现形式和语言进行微评论,涵咏品味,把握诗歌的意蕴,体会诗歌的艺术魅力。

活动3:以画传诗微融合,选择一首诗,以它为依据,创作一幅画,呈现所选诗的意象和意境。以画来赏读,融入自己的想象力和表达创意,体现跨学科的整合。

任务二:回声传情——诗歌朗诵会,包含三项学习活动。

活动1:设计朗读脚本,根据归纳的朗读技巧,为选定的朗诵篇目设计朗诵

---

① 章新其:《以项目化学习改进日常语文教学》,《教学月刊·中学版》2020年第9期。

脚本,并结合诗歌内容,写一段解说词(100字左右),可以从情感基调、重音、语调、停连等方面设计(可任选一段或两段进行创作)。

活动2:篇本联读,选择艾青的《我爱这土地》,引入本单元名著导读《艾青诗选》"如何读诗"专题,推荐阅读《艾青诗选》中的《大堰河——我的保姆》《北方》《鱼化石》这三篇不同时期的代表作,结合"读书方法的指导"进行联读探究,"探讨艾青诗歌的意象"和"分析艾青诗歌的艺术手法"。

活动3:诗与歌的邂逅,为你选定的朗诵诗歌配曲,依据你对诗歌的理解,诗意化朗诵,彰显个性化的诗词审美体验。

任务三:回荡抒情——新诗发布会,包含三项学习活动。

活动1:"跟在诗人身后":

1. 学习仿写,参照本单元学过的任意一首诗,自己仿写一首。如模仿《我爱这土地》,仿写一首表现形式相近的诗歌(可模仿句式,发挥想象和联想,仿写一首对祖国、对生命或对生活抒发热爱之情的小诗)。

2. 学习改写,读写结合,选择你喜欢的散文名篇中的经典段落,参照诗歌的体式,改写为诗。

活动2:"我是小诗人",自拟题目,创作一首诗,可以发挥想象,借助一些意象,表达自己的情思,畅想对时代的热爱。

活动3:"分享我写的诗",通过新诗发布会,分享学生的原创诗歌,小组合作、互动评价、修改,并编写班级诗刊。

三、创新策略,化解难点

本单元的"文学阅读和创意表达"任务群实施有三大难点:围绕"岁月回响的诗"学习主题,如何基于单元核心任务的要求,将教材提供的众多学习资源与活动任务进行选择、优化、重组;诗歌创作是学生思维力的想象和凝练,需要创意思维的闪现,怎样给学生提供适宜有效的表达支架,助力学生的创意表达;如何对学生在学习过程中显现的阅读鉴赏和审美创造能力进行动态的评价和指导,实现基于"素养"发展的评价手段创新。针对以上难点,可以通过创新策略,逐一解决。

1. 整合学习资源和活动，助力创意表达能力的培养

本单元作为诗歌活动·探究单元，特点鲜明，教材提供了众多的学习资源，包括课内外选文及注释旁批、诗歌阅读小贴士、朗诵比赛小知识、写诗技巧点拨等，也安排了学习鉴赏、诗歌朗诵、尝试创作等任务，因此，要以单元任务为轴心，整合学习资源和活动，将阅读、口语、写作、实践活动有机融合，实现语文素养的任务化。

本单元的核心任务是品味诗歌魅力，尝试诗歌创作。前任务是后任务的基础，后任务是前任务的深化。首先，整合阅读资源，打通课内外选文，教材选诗，联读《艾青诗选》。"赏读"是基础，"诵读"帮助对诗歌的深入理解和感悟，"创作"是将学生个体阅读体验转化为写作能力。其次，整合活动资源，创设"回味咏情——诗歌鉴赏沙龙""回声传情——诗歌朗诵会""回荡抒情——新诗发布会"三个任务情境，"基于真实情境的任务设计对于学生来说会更有亲和力，更能激发学生的学习兴趣"①。通过任务驱动，自主欣赏、自由诵读、自由创作，培养学生的创意表达能力。诗歌创作的完成是学生"调整、完善甚至重构自身言语经验的内隐过程"②，学习资源和活动的整合，是诗歌创作的外在助力。

2. 搭建表达支架——"任务链写作"，助推创造性思维的产生

"诗歌创作"重在思维能力，特别是创造性思维的培养。创造性思维是指在文艺创作、科学发展或技术革新等创造性活动中所特有的思维过程③。创造性思维体现在诗歌创作上主要是诗歌的表现形式、诗歌的语言、诗歌的意象、诗歌的艺术手法等，搭建适宜的表达支架——"任务链写作"，能够有效引领学生逐级培养创意思维，激发学生的想象和联想，唤醒学生的生活经验和文学阅读体验，创作有个性的诗歌。

任务链写作即层级性的写作实践活动，本单元的"任务链写作"是依据活动任务单和学生思维认知规律，上承诗歌阅读鉴赏，下启创意表达，通过在学习鉴赏任务中点评诗歌意象和语言，在诗歌诵读中写"诵读脚本"解说词，在诗歌创作中仿写、改写、创写，构建任务写作链。

---

① 章新其：《以项目化学习改进日常语文教学》，《教学月刊·中学版》2020年第9期。
② 徐鹏：《语文学习任务群的实施路径》，《语文建设》2018年第25期。
③ 朱智贤主编：《心理学大词典》，北京：北京师范大学出版社，1991年，第79页。

微评论 → 微构思 → 仿写 → 改写 → 创写
逻辑思维　形象思维　思维的灵活　思维的深刻　创造思维

（1）用"只言诗语微评论"来表达自主鉴赏中的"微想法"

刚上九年级的学生对诗歌的认知大多停留在诵读初感受，缺乏对诗歌的阅读鉴赏能力，对教材六篇诗作中体现的"岁月回响的家国情怀"主题，缺少共鸣。以品味诗歌的意象和语言为抓手，把握诗歌意蕴，借助"微评论"，条理清晰地表达、分享自己的"微想法"，注重思维的逻辑性，实现"以读促写，读写结合"。

（2）用"设计并解说'诵读脚本'"来表达自由朗诵时的"微构思"

设计"诵读脚本"是在熟悉朗诵技巧后，想象、揣摩诗人创作时的思维方式、语言形式及情感脉络，借助重音、停连、节奏等设计，把握诗作的感情基调，读出情感和韵律。解说"诵读脚本"是将自己"微构思"的意图充分表达，以达到"回声传情"的活动目的，"微构思"凝聚着形象思维。

（3）用"新诗发布会"来表达自由创作的"微过程"

"新诗发布会"通过"跟在诗人身后""我是小诗人""分享我写的诗"等三个活动，融合了创意表达、口语交际、诗刊编辑等多层次的能力训练，助推了学生从"文学阅读"到"创意表达"的思维过渡，仿写、改写、创写，难度依次递增，思维过程逐渐丰富，呈现了由模仿到创造的自由创作"微过程"，是低阶思维走向高阶思维——创造性思维的链式延伸。

3. 创建评价量表，助导任务群学习

新课标突出强调"教学评一致"，在"文学阅读和创意表达"任务群"教学提示"中明确提出："评价应围绕学生阅读文学作品的过程性表现进行……评价学生文学作品的欣赏水平，关注研讨、交流以及创意表达能力。"本单元重在培养学生的诗歌鉴赏、朗诵及创作能力，由于学生个体的差异，因此教师需通过表现性评价，完整地、系统地记录学生在完成单元学习任务时思维和能力的波动与变化。表现性评价是指"在尽量合乎真实的情境中，运用评分规则对学生完成复杂任务的过程表现和结果作出判断"[1]。

---

[1] 周文叶：《中小学表现性评价的理论与技术》，上海：华东师范大学出版社，2014年，第41页。

创制评价量表是表现性评价的常用方法,量表的设计要将阶段任务目标细化、指向明确、区分度清晰,与完成任务所需的能力层级相对应,具有导向、诊断、改进等功能,直指新课标倡导的语文核心素养的培养。

(1) 以"观察记录"为抓手,设计表现性评价记录表

设置任务情境,让学生完成相应的活动任务,设计诗歌活动·探究单元表现性评价记录表,真实地记录和描述学生自主完成任务时的行为表现、思维品质和发现、分析、解决问题的能力等,用动态的学习发展"诊断"代替静态的"成果"呈现,从关心学习结果的评价转变为促进学生学习素养的养成。诗歌单元表现性评价记录表是整合性的,设计要求真实、可测、好操作,以"观察记录+行为描述"为抓手,对学生参与自主鉴赏、自由朗诵、尝试创作各个阶段的表现进行诊断,帮助学生反思和改进,也逆向指导教师教学,寻求"教—学—评"的最佳融合。

诗歌活动·探究单元表现性评价记录表

被观察的学生:			观察日期:			
所在班级:			观察记录人:			
主题	任务情境	一级维度	二级维度	活动观察点	星级评价	具体行为描述(问题、图片等资料)
岁月回响的诗	任务一 围炉诗话	阅读和鉴赏	分析和比较	诗歌比读	☆☆☆☆☆	
				诗语赏读	☆☆☆☆☆	
				画诗美读	☆☆☆☆☆	
	任务二 诗歌朗诵会	表达和交流	想象和联想	脚本说读	☆☆☆☆☆	
				篇本联读	☆☆☆☆☆	
				诗歌选读	☆☆☆☆☆	
	任务三 新诗发布会		运用和表达	诗作仿写	☆☆☆☆☆	
				诗意创写	☆☆☆☆☆	
				诗刊编写	☆☆☆☆☆	

(2) 以"综合能力"为考量,细化"朗诵评分标准"

"任务二"的诗歌诵读以"诗歌朗诵会"为任务情境,它不仅是诗歌鉴赏、朗读欣赏、合作分工的成果展示,还通过比赛的形式来呈现学生的综合能力。"朗诵

会"成为学生综合能力的"考量会","朗诵评分标准"成为"综合能力"的评价量规,"一个完整的评价量规缺少不了表现的维度、等级、描述符"。"标准"的细化是动态的,不仅要依据具体"朗诵会"的任务设定,还须将评价的规则与学生具体表现特征相互协调、检验、完善,提升评价结果的信度和效度;活用"标准",使学生由被动等待教师的指令向师生共同参与的主动转变,真实客观地对学生"综合能力"作出评价,帮助学生反思和改进自己的学习,也有利于教师诊断、改进自己的教学。

朗诵评分标准

项目及分值	评分标准
诗歌解读(10)	正确理解诗歌内容,准确体会思想感情。
朗诵脚本(10)	朗诵脚本要素完整,朗诵具体处理适切。
态势神情(10)	姿态、动作、手势、表情、眼神能准确、鲜明、自然。
朗诵能力(50)	读音准确,语速恰当,停连合理,重音恰切,语调自然,强弱得当,感情到位。
创新设计(10)	背景音乐、背景 PPT、道具使用、角色分工等有新意。

(3) 以"素养发展"为追求,优化"三层四维诗歌创作评价表"

表现性评价关注学生个体的进步幅度,具体到诗歌创作评价是指借助"任务链写作",了解学生在完成本单元阶段任务时的"创意表达"能力的变化,让阅读鉴赏和创新思维、创意表达同向合力,为此,设计基于素养发展的"三层四维诗歌创作评价表",作为诗歌写作指导、实践和评价的标准,学生通过对标反思,提升创意表达能力。

三层四维诗歌创作评价表

层级	语言	思维	审美	文化
基础层	语言简洁、分行押韵符合诗歌文体	诗意清楚、能借助意象酝酿真情实感	在生活中选材,有一定的真情实感,能够发现生活中的美	关注文化现象,可以简单地诗意表达

续表

层级	语言	思维	审美	文化
发展层	语言简洁、押韵自然,能流畅地表达真情实感	诗歌思路清晰,能抓住意象,发挥想象和联想	准确地再现生活中的美,有联想、想象的生活场景,有生活味	了解相关文化,有一定的积累和体验
卓越层	语言简洁、凝练、优美,表意新颖、别致,凸显创意和个性	构思独特,能选择富有创意的意象表达丰富情感和耐人寻味的哲理美	有创意地彰显生活中的真善美,选材新颖,有哲理、有思考、有情味	能够对相关文化有独到的认知和个性化的解读

由上表可知:从写得"有意思"到"有意义"再到"有创意",这是一个"拾级而上"的过程,诗歌创作的"入格""出格"到"别具一格"彰显的是创意的思维、精湛的写作、丰厚的语文素养。随着表现性评价在"文学阅读和创意表达"群的使用,应收集和整理学生在语文学习中的过程性表现,优化评价量表的项目,鼓励和重视表现性评价中的增值评价,科学、整体地评价学生语文核心素养,实现立德树人的根本任务。

初中口语交际"思维力"价值、类型和教学优化策略

统编教材已实施多年,但口语交际专题教学出现了不少问题,如重知识讲授、轻活动任务、情境设计粗陋、过程评价缺失、学生兴趣不足等,以至于部分学生口语表达语无伦次、词不达意、言不由衷、逻辑混乱,细品问题的所在,前面所列的只是表象,关键是忽视了口语交际中的思维力培养。

《义务教育语文课程标准(2022年版)》(以下简称"新课标")提出了"语文核心素养",包含"文化自信、语言运用、思维能力和审美创造",新增的一项就是"思维能力",口语交际中的"思维能力",在"发展型学习任务群"中特意安排了"实用性阅读与交流"。

那么口语交际"思维力"的价值有哪些?初中语文"口语交际"专题教学究竟要提升学生怎样的思维力?其教学设计中"思维力"培养的优化策略是什么?下面根据新课标的相关表述,结合"口语交际"的教学现状,对上述问题进行阐述。

一、口语交际"思维力"价值

口语交际是"听说读写"中的"说"的体现,新课标明确提出:"学会倾听与表达,初步学会用口头语言文明地进行人际沟通和社会交往。"因此,"想说、会说"成为现代公民的基本素养,"想说"重在交际功能,"会说"是"思维力"的表现,"思维力"是言语的内核,是口语交际的灵魂。

1. 思维力是语言功能的"落脚点"

"语言的功能是多样的,大致可分为社会功能和思维功能两大方面。"①社会活动中,交际双方通过口语交流,指向交际目的,交际目的达成的关键是口语的思维功能。思维力是语言功能的落脚点,"思维力"是人类思考时进行比较、分析、综合的能力。

口语交际大致可分为编码、发送、传递、接收、解码五个阶段,"思维力"体现在"编码"和"解码"阶段,说话者将任务进行"编码",分析、比较最佳表达的方式、言语;接收对方的回答后,归纳、推理得出判断,这一过程中,直觉思维、逻辑思维、辩证思维发挥着重要作用。

如八年级下册"应对"案例:"孔融十岁时聪明,官员陈韪当众不以为然地说:'小时了了,大未必佳。'孔融应对道:'想君小时,必当了了。'"此案例中,孔融接收"编码","解码"是暗讽孔融小时聪明,长大后普通,孔融应对为"你现在普通,想来小时一定聪明"。善于应对,需要快速思维,倾听对方话语后"解码",判断对方意图,明确应对方向,"编码"应对,思维的敏捷性通过语言凸显。

2. 思维力是核心素养的"闪光点"

"新课标"提出"立德树人"总目标:"聚焦中国学生发展核心素养,培养学生适应未来发展的正确价值观、必备品格和关键能力。"思维能力的提升是核心素养的"闪光点",聚焦到口语交际,即通过口语实践,引导学生提升思维能力,形成自己的个体言语经验。"语言是重要的交际工具和思维工具,语言发展的过程也是思维发展的过程,二者相互促进",都有利于核心素养的发展。

如九年级上册"讨论"专题,话题"中学生上学应不应该带手机?"的讨论帮助学生从"没想好"到"想好",讨论过程中,想法的碰撞推动学生思维力的提升,"创新思维"在讨论中闪现,"正确价值观"在讨论中明晰,个体的"必备品格"正在形成。

3. 思维力是口语交际教学的"发力点"

现代认知语言学认为,言语的过程即为思维的过程,口语交际教学是训练学

---

① 叶蜚声、徐通锵:《语言学纲要》(修订版),王洪君、李娟修订,北京:北京大学出版社,2010年,第7—11页。

生通过口语双向互动表达的教学过程。在口语教学中，教师不但要指导学生会倾听、表达、交流等基本交际能力，更要注重学生的思维训练，"口语交际教学必须以提高学生思维能力为核心出发点"①。生活中的口语交际，内容呈现随意、零散，话语中的思维"闪光"依托个人经验和惯性。口语交际"主阵地"应在课堂，思维力是口语教学的发力点，教材对"口语实践"提供了特定话题，创设了适切的情境，指出了思维训练的步骤。

如八年级上册"讲述"专题，"口语实践"讲述"我印象最深的一次出游"，出游经历是复杂的，旅行途中有许多人和事，哪些先讲、哪些后讲、哪些不讲，都需选择，同时还需对所说的言语进行重组，这就是思维训练，重在训练学生思维的条理和逻辑。

二、初中阶段"口语交际"思维力的基本内涵和分类

1. "口语交际"思维力的基本内涵

新课标指出，"思维能力"指"学生在语文学习过程中的联想想象、分析比较、归纳判断等认知表现，主要包括直觉思维、形象思维、逻辑思维、辩证思维和创造思维"。

美国语言学家德尔·海姆斯认为口语交际能力是"何时说，何时不说，以及关于何时、何地、以何方式与何人谈何内容"②。其中最为核心的要素是话语的思维力。语言学家王德春认为"思维是为创造话语而选择特定语言单位的动力。人在交际过程中，要依赖特定的言语环境，选择语言材料，组成话语"③。可见口语交际思维力的培养不仅要训练学生在不同语境中把自己的想法用正确话语表达出来的"会说"，还需培养学生理解对方话语的表层意及在特定情境下深层意的"悟说"。

2. 口语交际中思维力的分类

初中阶段口语交际专题培养的思维品质类型如图1。

---

① 王志凯：《论口语交际教学中的思维训练》，《井冈山学院学报（社会科学版）》2008年第1期。
② 龙彩虹主编：《口语交际理论与训练教程》，南京：东南大学出版社，2014年，第121页。
③ 王德春：《现代语言学研究》，福州：福建人民出版社，1983年，第217页。

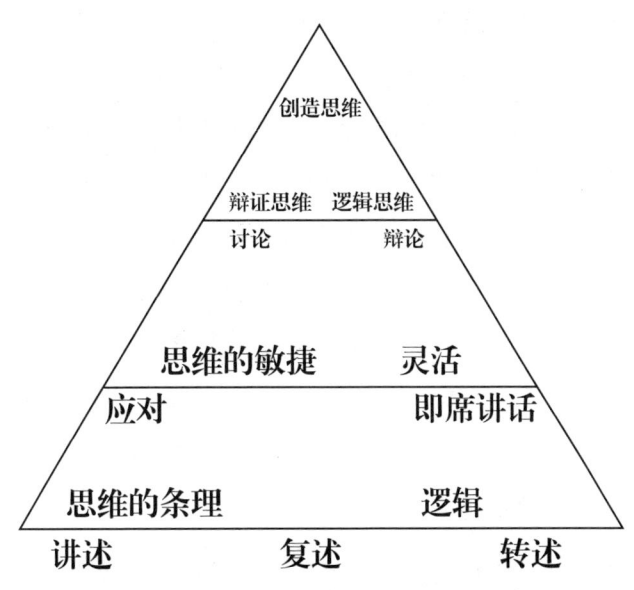

```
             创造思维

        辩证思维    逻辑思维
         讨论       辩论

      思维的敏捷    灵活
      应对         即席讲话

    思维的条理      逻辑
  讲述      复述      转述
```

图1 初中口语交际专题思维品质分析表

由图1可知:初中阶段六次口语交际专题编排,隐含着思维训练的主线,遵循着由易到难、循序渐进的原则,对学生思维力要求呈现螺旋式上升,注重思维力训练的全过程。具体将思维力作如下分类:

(1) 讲述、复述和转述——关注思维力的条理和逻辑

讲述的"说"注意对象和场合,语言生动,重点突出,条理清楚;复述的"说"不改变事实,不遗漏要点;转述的"说",意思不变,人称转换,三"说"都是单向独白式,指向思维的条理和逻辑。如"复述和转述"训练,以生活中的借车为语境,学生轮流扮演材料中的人物,进行转述表达。

> 张明有一辆新自行车,刘宇想骑一次,但是不好意思直接跟张明说,请李晨帮忙转述自己的想法。听了李晨的话,张明同意,请刘宇第二天上午九点到自己家小区来骑车,并请李晨转述邀请。

本题中,李晨需转述两次不同的内容,对象不同,重点也不同,要想转述清楚,人称转换和说话内容的条理须清晰,这就对转述者思维力提出较高要求,再添加"后,李晨向老师汇报张明助人为乐的表现",这时转述和复述训练结合,总之,"说"的情境越复杂,任务难度越大,"说"的思维力就会得到真正提升。

(2)应对、即席讲话——指向思维力的敏捷和灵活

应对、即席讲话是互动的"说",这种"说"首先要善于倾听,才能善于应对,应对的关键在于随机应变,应对者要在短时间内明白对方话语意图,依据现场语境,明晰应对方向,组织语言表达。应对者要能根据说话语境和问题变化,巧妙应对,这对应对者思维力的敏捷和灵活提出了高要求。

即席讲话大多数是临场发挥,是更高层次的"应对",讲话者要依据特定场合决定说什么和怎么说,即席讲话相对于"应对",话语时间较长,表述需相对连贯、完整、得体,讲话者思维的迅捷和灵活在此彰显。成功的即席讲话,大多有着鲜明的思维和语言特点,这就需要平时多想、多说、多练,提高自己的话语表达能力。

(3)讨论、辩论——注重思维力的辩证和创新

讨论、辩论是高层次的口语交际,是功能性交际活动,是多方向的"说",讨论发言,要"有中心、有根据、有条理,能把握讨论的焦点,有针对性地发表意见"。讨论是从"没想好"逐渐走向"想好"的过程。"不成形"的观点同样闪烁着智慧火花,在一个包容、自由的讨论氛围中,讨论者的概括归纳、分析推理有助于对讨论"话题"的深入探究,甚至创新性思维也在讨论中显现,独立的思考、独到的见解、独创的精神是思维力的生成。

辩论几乎包含了前面口语专题中的思维力训练点,因此教材将其编排在九年级下册。一辩立论需要正面论述己方观点,注重思维的条理和逻辑性;攻辩和自由辩质疑、反驳对方观点,强化己方观点,需要思维敏捷和灵活,总结陈词要有针对性地发表意见,直指对方的不足。辩论的整个过程,思维力都贯穿其中,最终指向学生辩证思维、创新思维的培养。

如九年级下班级辩论赛,辩题是"逆境是否有利于成长",学生在辩论过程中,抓住对方观点,讨论、辩驳,通过逆向思维、辩证思维等多角度、多方向的思维活动,找出对方的言语漏洞,建构自己的批驳思路,条理清晰地质疑和辩论。

三、口语交际思维力培养的优化策略

1. 思维力需要在复杂情境中训练

口语交际中的思维力训练需基于言语实践活动,在"真实的语言运用情境中"培养,罗日叶认为,不存在抽象的能力,也不存在在抽象中发展起来的能力,学生的能力,需要在复杂情境中得到发展,并在复杂情境中得到评估。"只有当我们在有意义的情境中对已学习过的东西整合地加以调动的时候,我们才算是有能力的。"[①]因此,本文关注的思维力需构建"有意义的口语交际情境"。"有意义"首先指向生活情境,即"真实具体的社会生活,关注学生在生活场景中的语言实践"。其次是复杂的生活情境,抓住生活中常见但又值得深思的真实场景创设新颖、有趣、内涵丰富的"拟真情境",通过口语实践,提升思维力。如"复述和转述",如何创设不同层次的真实、复杂情境,完成简单复述与详细复述的内容转换,复述和转述的人称转换,训练学生口语表达思维的条理清晰、逻辑清楚。笔者进行教学设计如下。

我说,你听

情境1:实验学校5月4日组织八年级学生参加主题"我的青春,我做主"的青春仪式,为传播青春能量,要求各班派学生代表5月5日下午15:00到七年级,向学弟、学妹介绍今年的青春仪式盛况。

(1)传声游戏:对你说句悄悄话。

将全班同学按纵列分成若干小组,为每组准备一句话,写明到七年级介绍青春仪式的时间、班级,写在便签上。将便签给每列第一位同学看,看完收走,然后在规定时间内,要求各列同学传话。

(2)这次青春仪式真棒。

在规定时间内,要求四人小组中一人讲述本次青春仪式的过程及亮点,

---

① 易克萨维耶·罗日叶:《为了整合学业获得:情境的设计和开发》(第二版),汪凌译,上海:华东师范大学出版社,2010年,第117页。

另三人做裁判。各组裁判的代表用一句话为讲述者拉票,全班选出三四个讲述优胜者。优胜者在规定时间内(只有前一轮次时间的一半)再讲,其他同学做裁判,选出第一名。

(3)让我来告诉你。

情境2:假定此时面对七年级的学生,要求赢得第一名的同学在难度升级的情境中作转述,其他同学评判分析。

(4)爸爸(妈妈)你听我说。

情境3:假定你是学生代表,回家后将自己到七年级讲述青春仪式的经历在3分钟内简单复述,说给家长听。

成功复述与转述的前提是准确有效地听,教师用传话练习,引导学生在有竞争压力的心理状态与周边非安静的环境下集中注意力,专心听,准确讲;再用青春仪式,帮助学生体验详细、简单等不同复述方式,培养高阶思维能力;最后用不同情境的转述,要求学生根据"说"的任务与对象的变化调整转述策略,锻炼学生的思维力。

2. 思维力需要在学习共同体实践中提升

口语交际要注重学生个性化思维的发展,高质量的个体独立学习,是高阶思维产生的基础。"高质量"是指在口语实践中深层次的思考,"个体独立学习"则是要求学生在复杂语境的口语交际中,需要有思考的时间、表达的空间,说话者个体的独立学习、冥思遐想是高阶思维产生的"催化剂",畅所欲言地表达甚至"奇谈怪论"是思维力的"结晶"。

口语实践活动可借助学习共同体的合作学习,在小组合作过程中,自主、合作、探究完成"口语实践",学生个体思维水平也得到提升。如九年级上"中学生是否应该带手机"的讨论,学生是讨论主体。思维力的呈现不仅是话语表达的丰富,更体现在思维活动的敏捷和深刻。思维的敏捷指在"聆听—质疑—追问"过程中,话语者首先要听清对方"说"的思维,通过"比较和辨析"提出疑问甚至追问,然后提出自己的"说","说"是对"听"内容的思考、辨析、理解、综合的思维过程。

思维的深刻是通过学习共同体之间真正有意义的讨论，遵循"个体表达—同组补充—他组质疑—共同讨论"的有效规则，学生个体思维品质在学习共同体讨论中得到提升。"讨论"思维力增长是在生生交锋之时，在学生对讨论话题的认识深入之时，学生的求异思维、横向思维等共同构建了创造性思维。教师可以设计以下教学环节。

课前准备：确定讨论话题——中学生是否可以带手机。分组，明确分工，课外搜集资料，准备发言稿。

环节一　通过比较，阐释"讨论"的要素

将"讨论"与讲述、复述、应对、辩论进行区别，建构"讨论"的要素。

环节二　利用样例，概括知识

播放课前录制的视频，内容是：在老师组织下，有教师和父母代表参与进行的一场"中学生是否可以带手机"的讨论，师生通过对话对视频讨论的知识、方法、观点进行总结。

环节三　全班讨论，分组发言，现场体验

注重有理有据，充分发言。讨论者要紧扣议题，条理清楚，有理有据地表达。

环节四　要求每个组在全班面前，用一两句话总结本组发表的观点

讨论最具思维特点的环节是生生之间和学生自我认识之间思维的碰撞，学生在质疑、辨析、追问过程中调动自己的个体语言经验，有针对性地提问，思维反应敏捷，表达陈述有独到思考，呈现多角度思维。

聚焦思维力是抓住了口语表达的内核，重视言语活动的思维本质，让核心素养在口语交际课堂中形成和发展。

中考语文任务驱动型情境化文学阅读的命题策略及启示

随着《普通高中语文课程标准(2017版)》(以下简称"《课标》")中"真实的语言运用情境"等概念的提出,情境化的试题在全国各地的中高考语文试卷中如火如荼地呈现。笔者梳理各地中考真题后发现,文学类文本的情境化命题鲜有涉及。文学类文本是语文测评的传统语料,包括诗歌、散文、小说、戏剧等多种体裁的文本。随着语文素养评价方式的改变,利用文学类文本的传统语料,构建情境学习任务,有助于学生语文素养的养成。近年来,在江苏和浙江的部分中考语文真题中,一种新的测评题型——任务驱动型情境化文学阅读命题正在悄然形成。本文拟通过对这种命题形式的分析,为文学类文本的教学与测评提供参考。

一、任务驱动下的情境化文学阅读的概念阐述和具体特征

学生屡屡在情境化的试题回答时效果不佳,关键是学生经历的"情境"太少,导致学生从语文教材中学到的知识和技能无法迁移、运用到具体的语文活动任务中。何谓"情境",就是能促进学生言语实践活动的语文环境[1]。何谓"任务",是指在真实情境下要完成的问题,简单讲,"任务"就是"做什么","情境"就是"在什么语境下做"。教育部考试中心的张开老师在此基础上提出了任务型命题:指为学生创造某种情境,并通过具体问题,让学生提出解决处理问题的想法与方案的命题形式。[2] 文学类文本以其复杂的情境、丰富的内涵,成为任务驱动

---

[1] 程永超:《"语文学习任务群"视域下教学转型的实践审视》,《语文建设》2022年第1期。
[2] 张开:《注重题型设计,强化教育功能:2015年高考作文的特点及相关问题的解读》,《语文学习》2015年第7期。

型阅读命题方式的首选语料。任务驱动下的情境化文学阅读命题是以文学文本为语料,以具体情境为载体,以学科素养为导向,通过典型任务的设计,引导学生在语文实践活动中展现语文核心素养水平。

以2021年江苏省南京市语文中考现代小说阅读《碧浪清波》第16题为例:

(任务驱动型情境化命题)(真题)	(问题式命题)(自编)
班级开展戏剧创编与表演活动,图图想把这篇小说改成短剧,你帮他完成。 ① 给在港珠澳大桥看见大海时的肖咨询配一段内心独白。 ② 为上面的内心独白选配背景音乐时你选了歌曲《我和我的祖国》的结尾部分(歌词见下),你向图图说明了理由。 　　我最亲爱的祖国,你是大海永不干涸。永远给我碧浪清波,心中的歌。	1. 结合上下文,分析肖咨询在港珠澳大桥看见大海时的心理。(变型一) 2. 联系前面内容,赏析下面的句子。 　　"看到了!看到了!"肖咨询迎着海风,额前细发随风飘动着,一双明眸凝视着碧浪清波。(从人物描写的角度)(变型二)

命题特征分析如下:

1. 以学科素养为导向,构建任务驱动

真题以活动任务单形式命题,将小说创编戏剧,就是一个"大任务",其中"配人物内心独白"和"配乐所选歌曲理由"是具体的"小任务"。"配人物内心独白"考查"表达与交流"的能力,"配乐所选歌曲理由"考查的是"阅读和鉴赏"能力。本题设计是将学生置于"创编戏剧"任务情境中,考查学生解决问题的能力,重在学科素养的形成、发展。"大任务"的完成过程,就是学生的阅读、鉴赏、表达、探究等能力的整合过程,指向深度学习。相对于问答式命题的考查,真题有着明确的导向,即以学科素养为导向,以学习任务为驱动,考查学生的"真阅读"和"深阅读"。

2. 以真实、生活的情境为载体,考查语言的迁移和运用

命题创设的情境能否让考生产生真实的"代入感",是判断"情境"设计适合的标准,"戏剧创编与表演活动"是"拟真实的语言运用情境",贴近学生的生活,不但能激发出学生参与学习活动的"情",而且能引导学生完成学习任务的"境"。

梳理真题的情境,包括:小说文本情境和戏剧活动的学科情境,学生对所选歌词的个人体验情境。"戏剧内心独白"的情境所对应的"文本情境":肖咨询在港珠澳大桥看到纯净的大海,"炽热得他心旌摇曳"。文本关联情境有:(1)"知道儿子有了对美的冀望了";(2)肖咨询在石碛河边所见到的河水和在滁州琅琊上酿泉,"什么时候石碛河水也能像山中清泉那样呢?……"始终萦绕在心间;(3)"爸爸,我看到了大海的碧浪清波,石碛河水要能治理成那样,我们才算是当好了河长。"这些"拟真实"的情境与学生的生活相连,是学生日常生活中耳濡目染的。

真题考查的是不同情境中语言运用、迁移能力,问题式命题只是考查学生结合文本语句对这道题本身的解答,对学生在情境变换后的语言能力的变化、学科素养的发展没有涉及。

3. 以跨文体为命题创新,指向学科思维的运用

真题将小说创编成戏剧,"内心独白"考查小说和戏剧不同文体语言的转换,虽然都写出了肖咨询在港珠澳大桥看见纯净的大海时的兴奋心情,但"内心独白"是戏剧语言,小说心理描写是小说语言,学生首先要对戏剧和小说文体的学科知识有所了解,能区分小说人物心理描写与戏剧独白语言表达的不同,掌握不同文体语言的转换技能;其次还需拓展学科思维、增加文体思维的广度,跨文体的命题创新为语文素养的测评打开了一条新的"路径"。

跨文体的"情境"和任务设计为以学科语言的运用、学科思维的拓展为代表的语文核心素养培养和测试起到推动作用。

二、任务驱动下的情境化文学阅读的命题策略和途径

1. 基于任务的需要,匹配适合的情境

"真实、富有意义的语文实践活动情境是语文学科的核心素养形成、发展和表现的载体。"①道出了情境与语文素养的关系,"真实"是指"真实的语言运用情境","富有意义的语文实践活动",既是教学活动的载体,也是命题的载体。

在情境任务阅读命题中,为了测评的需要,基于具体任务而创设真实(拟真实)的语言运用情境,有哪些类型呢?《课标》提出"让学生在个人体验、社会生活和学科认知等特定情境中完成不同任务,以呈现学生语文素养的多样性表现"。

---

① 中华人民共和国教育部:《普通高中语文课程标准(2017年版2020年修订)》,北京:人民教育出版社,2020年。

学生个人体验情境、社会活动情境、学科认知情境是《课标》中提到的三种主要情境，具体到文学类文本阅读，当然还包括"文本情境"等。因此情境和语文实践活动的匹配度就成为难题，选择适合的情境，就成为任务驱动型情境化文学阅读命题的关键。

如何设计适合的情境，笔者以为应指向具体的学习任务，指向语文学科素养的形成和发展。指向具体的学习任务是说任务的要求与情境的要求相匹配，为学生具体学习任务的完成设计相对应的条件和限制情境，引导学生完成任务，最终，情境的设定要指向学科核心素养。也就是说，多样性的情境有助于考查学生在完成任务活动过程中呈现出的核心素养的差异性。

以2021年浙江嘉兴卷文学类阅读《我想去看海》第5题为例。

请你给绘本《我想去看海》结尾的插图补上一句话，并阐述理由。

《我想去看海》情境分析表

类别	具体内容	指向	目的	特点
个人体验情境	学生自身从小对理想的渴望，已有的生活体验。	个性化的阅读经验和审美体验。	独立完成学习任务。	阅读的文本、作者、我的对话。
学科认知情境	童话常用拟人手法，通过丰富的想象、幻想、夸张来编写故事。	语言浅显易懂，故事情节引人入胜，人物形象鲜明。	语文学科核心素养的形成、发展和表现。	梳理与探究童话文本知识的内在逻辑，关注技能的迁移、运用。
绘本情境	儿时的小鸡卡梅拉"想去看大海"，经过努力，她看到了大海。现在，她的孩子小鸡卡梅利多想多看一眼"天上亮晶晶的星星"。	大海和星星是母与子各自美好的理想，表明一代代人都有属于自己的梦想。	为补写一句话的学习任务建构真实（拟实）的语言运用情境。	以儿童的视角观察世界，思考生活中的道理。

这道真题命题者考查的是学生在多样性情境下的读写能力和高阶思维能力。具体来说，童话文本是贴近学生生活的，小鸡卡梅拉对理想的追求，学生一定感同身受，"给绘本结尾的插图补上一句话并阐述理由"的学习任务，是基于学生对童话文本的学科认知情境，对"我想去看海"的文本情境，及学生自己的个体体验情境基础上生成的学习任务。通过对《我想去看海》的情境分析，将学生放置在这个"拟真实的语言情境"中，考查学生的读写能力，通过"阐述理由"的提问形式让学生将自己怎样思考来解决测评任务、回答命题的思维过程揭示出来，考查学生分析、综合、评价的高阶思维能力，是学科思维素养的充分展现。

2. 基于学科核心素养的培养，设计典型的任务

任务型情境化文学阅读是以情境任务为试题载体，"任务"就成为试题的外在形式。《课标》提出要"设计典型任务"，"典型任务是指为评价学生语文核心素养而选取的具有代表性的实践活动。典型任务要多样、综合、开放……减少单一知识点和能力点的简单、碎片化的试题数量，要体现学科素养的综合性、整体性。强调典型任务呈现多样、综合、开放的具体特征"。多样性，是指测评任务的设计可以是几个小任务的任务活动单形式，每个小任务指向某个（或几个）语文能力，如阅读与鉴赏、表达与交流、梳理和探究等，引发语文能力的整合、语文知识点的整合；综合性是学生在完成"大任务"时，凸显出某个（或几个）语文素养的综合；开放性指的是让学生在多样性的情境下，对测评试题进行多角度解读，在开放的思考空间，充分展现学生个性化的解答。

以 2020 年浙江舟山卷文学类阅读《剃头匠》为例。

命题提供的"大任务"是"为向建党百年献礼，校电视台摄制组拟把下面的小小说拍成微电影，邀请你一起参加并完成相关任务"。

任务活动单呈现四个小任务：

任务一：摄制组想做前期宣传，请你根据小说内容，用简洁的语言给这部电影写一个剧情介绍。

任务二：摄制组认为文中画线部分父亲言行的描写不够真实，说说你的看法和理由。

任务三：为帮助演员深入把握小说，请就文中"剃具"的作用谈谈你的理解。

任务四：摄制组对"谁是小说主人公"争论不休，对此话题你怎么看？阐述你的观点和理由。

真题的活动任务单，"剧情简介"指向"表达"，考查的是情节的梳理和概括；"说说你的看法和理由"注重"鉴赏"，通过对画线部分父亲言行描写语言的品味，探究父亲的人物形象；"'剃具'的作用"，侧重"阅读"和"探究"，关注的是小说的表现手法、主题的感悟，"剃具"既是小说的线索，又使故事有波折，更是父子两代人爱岗敬业、甘于奉献的精神象征。前三个任务指向语言的建构和运用；"对'小说主人公'的选择，阐述你的观点和理由"考查的是学生的思维，对小说中的"赵巍""父亲""班主任"等艺术形象及价值的感悟和理解，对"传统文化如何传承"的思考，注重的是高阶思维的拓展和提升及文化的传承和理解。

任务驱动型情境化文学阅读的命题指向学生语文阅读能力和核心素养，学生从文本中获得阅读信息和体验，在特定的情境中解决任务，形成综合的阅读能力、出众的语言运用能力和强劲的高阶思维能力，因此多样性的语言运用情境和典型的任务活动是任务驱动型情境化文学阅读命题的"双引擎"，是引领学生语文核心素养提升的"助推器"。

三、任务驱动下的情境化文学阅读的教学启示

1. 在日常的阅读教学中要有情境意识

在测评中取得佳绩，日常教学是关键，在统编语文教材的单篇阅读教学中要有情境意识。许多被教材选中的文学类文本的课义，"真实的语言运用"情境往往与文本情境融合，课文大多是经典名篇，与学生有一定的历史距离，更何况作者在写这些名篇时，受当时的历史背景、所处的环境、个人经历、写作目的、情感等多方面因素所交织而成的情境影响。教学中，教师要在对文本正确解读的基础上，精心设计教学活动，让学生有情境的"代入感"，增强学生对不同的情境的理解、体验、感受，将在课文情境中学会的学习能力迁移、运用在其他"语言运用情境"中，能够举一反三。

例如，《白杨礼赞》是象征手法的名篇，写于1941年3月抗日战争的相持阶段。作者茅盾曾说："《白杨礼赞》非取材于一地或一时，乃在西北高原走了一趟，

以后在重庆写的。"当时的社会环境是日本帝国主义和国民党反动派对北方抗日根据地扫荡、封锁，茅盾用笔表达了对广大北方军民团结一致的赞美，歌颂了中华民族英勇不屈的斗争精神。回到重庆后，因没有言论自由，作者便用象征手法，借礼赞白杨来赞扬中国共产党领导下的北方抗日军民。文中写到"笔直的干，丫枝一律向上，叶子也是片片向上，它的皮光滑而有银色的晕圈"，作者用"倔强挺立、不折不挠"来象征北方军民身上表现出的斗争精神。

可采用对比阅读的方式，将第6—8段的课文与课后附录的茅盾的题画诗《题白杨图》比较阅读，思考：白杨树有什么象征意义？作者是通过哪些语句或者诗句层层深入地把这种意义揭示出来的？

情境支架：

（1）课文《白杨礼赞》背景介绍，茅盾写此文的缘由。

（2）题画诗的情境是"小序"："余曾作短文曰《白杨礼赞》，画家某取其意作白杨图，为题俚句。"在当时的重庆社会环境下，借诗象征、表达情感。

2. 在日常的阅读教学中要有任务驱动意识

传统的单篇阅读教学，教学环节大都采取问题式推动，后来，话题式教学风靡一时，但是学生在教学活动中参与兴趣低，学习低效的问题一直存在。任务驱动就是在教学中，为学生提供"真实的语言运用情境"，也就是王宁教授说的"课堂教学内容涉及的语境"[①]，用任务驱动的方式来改变学生的学习状态，有助于深度学习的实现。学生在完成任务的过程中，实现对文本的深度阅读。因此，驱动性的任务设计成为单篇阅读教学的首选。以部编教材九年级上册的《我的叔叔于勒》为例，以问题呈现式教学设计如下：

问题一：试根据下面的提示，从不同的角度梳理课文的故事情节。

问题二：于勒是一个什么样的人？试依据小说内容和自己的理解，与同学讨论。

问题三：这篇小说是以若瑟夫回忆少年时代往事的角度来叙述故事的。这样写有什么好处？不妨试着变化一下叙事视角，体会一下有什么不同。

---

① 王宁：《语文学习任务群的"是"与"非"：北京师范大学王宁教授访谈》，《语文建设》2019年第1期。

问题四：想象一下，假如菲利普夫妇在船上发现已经成为百万富翁的于勒，他们会有怎样的表现呢？试写一个300字左右的片段。

以任务驱动的教学设计如下：

任务一：《我的叔叔于勒》小说缩写，限定600字左右。

任务二：讨论：通过对于勒的称谓变化，说说他究竟是一个怎样的人。

"全家的恐怖→正直，有良心→贼→老流氓"

任务三：以母亲眼中的于勒，来叙说于勒的经历。

任务四：设定情境讲故事，假如于勒"青年时在家乡挥霍，没赶他去美洲，故事是这样的……；中年在美洲发财后，回家来，故事是这样的……；年老在游船贫困时，发现亲人，故事是这样的……"

比较后的优点：

(1) 学生会主动学习本单元写作"学习缩写"的内容，自主梳理小说情节，达到以写促读。

(2) 小组讨论，推动学生细化对于勒的分析，认识于勒的人物形象。

(3) 用讲故事的学习形式，增添学生的兴趣，逆向思维推理，加深对小说主题的理解，培养学生的思辨能力。

综上所述，随着《义务教育语文课程标准(2022年版)》的颁布，对学生语文核心素养的考查将成为本轮新课改的关注焦点，任务驱动型情境化的文学阅读命题将对学生阅读能力和思维发展起到推动作用，教师在日常教学中要注重"情境化"和"任务驱动"，充分利用经典名篇的养料培养学生的语义学科核心素养。

走向素养立意,渗透语文教学新导向
——2022年中考语文浙江温州卷评析及教学建议

语文命题考查目标由考查"双基",到"三维目标",进而发展到对"文化自信、语言运用、思维能力和审美创造"的"语文核心素养"考查,这就是由知识立意、能力立意走向素养立意。《义务教育语文课程标准(2022年版)》(以下简称"新课标")就"命题原则"明确提出"坚持素养立意。以核心素养为考查目标,通过识字与写字、阅读与鉴赏、表达与交流、梳理与探究等语文实践活动,全面考查学生核心素养的发展水平"。

新课标明确了语文课程核心素养的内涵,要求中考命题改革须以发展核心素养为命题导向,以语文实践活动为测评途径,以命题改革促初中语文教学变革,渗透语文教学新导向。那么,如何把握素养立意的语文命题特征?下面笔者以2022年中考语文浙江省温州卷为例,分析其变化之处,探究对应的教学变革。

一、以真实情境为载体,指向素养测评

新课标在"命题要求"中指出:"考试命题应以情境为载体,依据学生在真实情境下解决问题的过程和结果评定其素养水平。"可见核心素养的形成和发展离不开情境,基于情境实践解决问题的能力是学生核心素养培养的关键,学生在解决情境问题的过程中,知识和技能得到发展,自身素养也获得提升,情境也就成为素养立意命题的载体。"语文命题要求从'存储知识''被动接受'为基本特点的传统学习观中解放出来,走向以整合关键语文知识和能力、创造性解决真实问

题为导向的素养立意理念。"①考试命题中的真实情境,"真实"是指:社会生活中常见但又值得深思的真实场景,命题中的"真实"是"拟真实",创设与学生生活相联系,有利于激发学生个体生活体验、好奇心并具有探究意义的"情境"。

1. 生活情境

浙江是世界稻作农业的起源地,2022年中考语文温州卷"积累"部分以"一米一世界"为主题的综合性学习活动为线索,巧妙串联了字义、介绍词、宣传标语、邀请函等多种知识,这些小题都由"身边的文化遗产"生活情境统摄,细化"我爱家乡"的"小情境":第1题关于海报的讨论,从"米"的字形、字义的变化,点出"米文化"的内涵;第2题揭示了"米"的演变史;第3题借标语推荐"米文化"走向世界;第4题邀请家长体验米塑工艺;第5题写出你对"米"文化的理解。命题者通过综合性学习,将命题与生活相联系,设计了新颖、有趣、内涵丰富的生活情境,引导学生了解家乡的稻作文化,亲近身边的非遗文化,弘扬节俭的传统美德。

生活情境的选材充分发挥了"立德树人"的语文教育独特育人功能,弘扬了中华优秀传统文化、中华先进文化,使学生的"文化自信"彰显。

2. 文学体验情境

"文学体验情境侧重强调学生在文学作品阅读中体验丰富的情感,尝试用不同的方式进行创意表达。"②2022年中考语文温州卷古诗文阅读以"探究辛弃疾词豪放风格"为核心任务,命题语料是课内外辛弃疾生平和作品集录,用"集录"将辛弃疾作品和生平经历打通重构。青年辛弃疾满怀报国热情,"直下看山河"表现出舍我其谁的气概;壮年时落职闲居,"醉里挑灯看剑,梦回吹角连营",表现壮志未酬的愤慨;暮年又被起用,壮心不已,从"生子当如孙仲谋"中又看到一种愤慨中的希望,展现了豪迈。辛弃疾的诗词风格随着人生的际遇而改变,命题者在"集录"营造的文学情境中,考查的"落点"是通过"走近词人""联读辛词""探究词风",引导学生进入文学体验情境,探究"辛词豪放风格",创意表达学生个性认知,学生在阅读中不仅体验词人丰富的情感,也调动了自己的文学语言储备,激发学生的探究欲望,使得古诗文考查"活"起来。

---

① 章新其:《走向素养立意的中考语文命题》,《语文建设》2022年第4期。
② 中华人民共和国教育部:《义务教育语文课程标准(2022年版)》,北京:人民教育出版社,2022年。

3. 跨学科学习情境

语文学科命题涉及的情境类型多种多样，跨学科学习情境，不仅有助于丰富学习内容，拓展学习资源，还可以提升学生的"语用"能力。"新颖的、多样化的情境更有助于学生参与问题解决，了解知识运用条件，掌握知识迁移价值。"①温州卷"一米一世界"的主题展览会中，制作"一粒米的万年演变史"系列展板，以"稻穗"的口吻撰写介绍词，出示了唐朝时期"方便好用的曲辕犁出现"图片，并在资料夹中，推荐"一粒米的万年演变史"、浙江水稻栽培传到日本的"弥生文化"、东南亚地区的"水稻文化"和温州"米塑"的民间传统艺术。多种文本、多个学科呈现跨学科学习情境，有助于学生融合不同学科知识和思维方法去解决测评问题，如对"曲辕犁"优点的介绍，涉及历史学科"唐代的农业发展"，还须结合"介绍词"的具体写法，跨学科的任务情境真正赋予命题素养探究的可能。

二、以综合任务为主线，指向大概念引领

核心素养是正确价值观、必备品格和关键能力的综合体。综合性、实践性是学科素养的显性特性，核心素养的培养要坚持问题导向，坚持"设置综合型题目，让学生在复杂情境中充分展示核心素养的发展水平"②。素养立意的语文命题要通过项目化、主题化的语文实践活动的设计，引导学生解决实际问题，学以致用，促进核心素养的发展。

综合型题目的设定是素养立意考查区别于传统命题的重要标志，改变传统命题对语基、阅读、古文、古诗词及写作的"割裂"，设计项目化、主题化的综合型题目，增强各命题板块和材料的"关联"，引导学生关注命题语料，调动学生个体的语言经验，提升解决综合任务的能力。

2022年中考语文温州卷就由"身边的文化遗产"综合性学习，"预学笔记"学散文活动，读书小论文评比，制作集录、探究辛词豪放风格等四个综合实践任务组成。在"素养立意"的大概念下，"身边的文化遗产"综合性学习，不仅提供了"筹备说明"，还将所需资料组成"资料夹"放在任务后，由学生根据自己对任务的

---

① 章新其：《指向综合学习的浙江中考命题》，《语文建设》2020年第11期。
② 中华人民共和国教育部：《义务教育语文课程标准（2022年版）》，北京：人民教育出版社，2022年。

理解选用，考查的是学生在任务情境中语言运用和语料选择能力；"预学笔记"学散文活动，语料是写景抒情的散文《在桃花峪看黄河》，聚焦黄河，根植学生"黄河安澜"的家国情怀；读书小论文评比基于整本书阅读，"责任和担当"话题直指学生名著阅读积累，对名著内容的梳理和探究；制作"辛弃疾生平和作品"集录，则是打通课堂内外，打破单篇思维，探究"辛词"特色的专题学习、项目化学习，激发学生深度学习，有益于学生个性化表达的显现。

"素养立意"的大概念是综合型任务的灵魂，有助于将零散的知识点考查整合为"知识树"的测评，从单一碎片化命题转向项目化、主题化、整体化命题，考查学生在复杂情境、任务群中展现的学科素养。如"身边的文化遗产"综合性学习，共设计了字义辨析、写介绍词、推荐标语、拟写邀请函、谈看法等五项任务，统摄的"大概念"是：汉字的积累、语言运用和文化内涵。借助综合型任务考查学生对汉字字义的理解、对联的辨析、邀请函的撰写和文化素养的探究，"素养立意"的综合型命题变革会反向引发教学变革，对初中正在倡导的大单元教学起到"助推"作用，因为"单元是个微课程，是学习内容、学习方法、学习资源、学习情境的综合体"[①]。

三、以思维过程为抓手，指向思维力培养

新课标倡导解决问题的深度学习，这对学生的思维能力提出了高要求。如何评价学生思维力的变化，"素养立意"的命题测评锚定思维过程，思维过程的测评是在聚焦探究任务的基础上，对语料内容、任务情境进行分析、比较、归纳、推理，最终形成具有创新思维的观点和表达。注重思维过程的测评一般具有综合性、情境性、思辨性的特点，测评追求的是结论所产生的思考过程和在其中凸显的学生的思维品质，因此，"素养立意"的命题考查要从重答案的结果向重思维品质转变；从重知识点的简单记忆、理解向基于复杂情境问题的解决和探究过程转变；从培养感知、联想和想象的低阶思维（感性思维）向比较、分析、归纳、推理的高阶思维（思辨性思维）转变，在探究过程中提升学生的思维水平。

---

① 崔允漷：《如何开展指向学科核心素养的大单元设计》，《北京教育（普教）》2019年第2期。

2022年的中考语文温州卷着力引导学生真阅读、真思考，注重思维过程，其中古诗文阅读的命题尤能反映这一点。

制作"辛弃疾生平和作品"集录一题的核心任务是"探究辛弃疾词豪放风格特色"，语料是辛弃疾生平与作品集录，由走近词人—联读辛词—探究词风构建学习单元，"走近词人"考查"梳理感知"；"联读辛词"指向"分析比较"；"探究词风"对标"探究归纳"，学生通过思维过程的探究，对辛词的豪放风格形成深度认知，促成学生深度学习，创意表达个性化结论。

"梳理"是对语料文本的理解和整合，"感知"是在"梳理"基础上的"认知"，"走近词人"感知人物形象，《美芹十论》"事未至而预图"可见辛弃疾心思缜密，"臣子思酬国耻，……此心未尝一日忘"可知民族气节，"籍兵二十五万"，体现了他的号召力。

"分析比较"是思维力的体现，"联读辛词"《破阵子》和《丑奴儿》，赏析词人表现心境手法的不同，"赏析"是"比较"的"支架"。《破阵子》借"梦境"表达收复失地的壮志，"可怜白发生"由梦境回到现实，由希望回到失望，对比鲜明；《丑奴儿》"此生自断天休问"，用语夸张，直抒胸臆，以不能报效国家为极愁，联读比较，彰显词人中年"豪迈词风"。

探究归纳辛弃疾人生经历对词风特色的影响。探究是基于辛弃疾参加抗金义军—落职闲居—再被启用阶段的诗词，其文字风格和词人心绪随人生起伏而变化，探究过程是"梳理感知"和"分析比较"思维的递进，多样化的思维方式促成学生表达的精彩。

素养立意的命题对思维过程的考查，不仅有利于对学生积极思考习惯的激发，更是对构建素养型教学理念的倡导。

四、优化教学策略，实现"教、学、评"一致

中考作为初中阶段最重要的测评，对一线教学起到极其重要的引导作用，"素养立意"的命题改革将反向推动"素养立意"的语文教学，2022年的中考语文温州卷为语文教学提供了两条有益的启示。

1. 以"学习任务群"来统领教学

教师在教学设计时,要倡导用"学习任务群"来统领教学,新课标强调"语文学习任务群由相互关联的系列学习任务组成,共同指向学生的核心素养发展"。教师要依据学习任务群内容的特定主题,设计具有综合性的大任务,通过丰富的语文实践活动,让"素养"在实践活动中形成,实现语文学习和语文生活沟通、学习方式和生活空间融合。以统编教材八年级下册"活动·探究——演讲"为例,以"举办'我的成长和我的梦想'演讲比赛"为"大任务",学习任务单上"学习演讲词""撰写演讲稿""举办演讲比赛"组成学习任务群,以学生参加演讲为主线,学—写—说串联演讲任务。"演讲单元"培养的核心素养是学生的演讲水平,包括演讲稿的"写"和上台演讲的"说","我的成长和我的梦想"演讲比赛是演讲语文实践活动的学习情境,综合任务、实践活动、学习情境的"齐心合力",有助于语文核心素养的形成和发展。

2. 以思维过程促思维能力提升

魏书生说过:"一节阅读课好坏的主要标准只能看学生是否在进行积极思维。"[1]新课标提出:"语言的发展过程也是思维的发展过程。"可见,语文教学也是思维过程的学习,学生思维能力的培养须依托教学中思维过程的探究,"教的内容不再是教专家的结论,而是要教学生像专家一样思考,即专家思维"[2],要以问题为导向,通过阅读、比较、推断、质疑、讨论等方式培养理性思维和理性精神,思维过程始终充满自主、合作、探究的开放氛围,激发学生思维的碰撞,指向深度学习。

如九年级上册口语交际专题"讨论"教学,笔者设计了"中学生是否应该带手机"的讨论活动,核心素养指向学生思维能力的增长,评价的标准除了学生讨论时话语表达的丰富,更关注学生在讨论思维过程中表现出来的敏捷和深刻。

思维的敏捷是指在"聆听—质疑—追问"过程中,话语者首先要听清对方"说"的思维,通过"比较和辨析"提出疑问甚至追问,然后提出自己的"说","说"

---

[1] 肖琪坤:《教育改革家——魏书生》,北京:北京教育出版社,1991年。
[2] 刘徽:《"大概念"视角下的单元整体教学构型——兼论素养导向的课堂变革》,《教育研究》2020年第6期。

是对"听"内容的思考、辨析、理解、综合的思维过程。思维的深刻性是指"讨论"时,学生思维能力在生生、师生之间言语碰撞时提升,在学生前后认识转变之时增长,学生的求异思维、辩证思维等构建了个性化的创造性思维。

学生在质疑、辨析、追问等思维过程中调动自己的个体语言经验,有针对性地提问,思维反应敏捷,表述有独到思考,呈现多角度思维。

"读"出精彩

【引言】

近日在校内教研中聆听了同年级一位老师所上的朱自清散文《春》,当时给我留下最深的印象是课堂气氛相当沉闷,老师一问学生一答,将"春草图""春花图""春风图""春雨图"肢解,转换成许多知识点,再组合起来以备考试之用。学生处于被动接受的地位,此时在我眼里,春天缩小为一棵营养不良的知识树,上面长着一些发黄的比喻、拟人与排比。课后我思考:散文该怎样教学,如何在阅读中关注到学生的整体感知能力的提高? 于是决定从朗读入手,增强学生的主角意识,尝试让学生设计朗读脚本,通过角色朗读,演绎出《春》的美丽。

【案例描述】

我让学生分小组讨论,说说该用怎样的情感基调去读"春草图""春花图""春风图""春雨图"。一生说:春草图应读得俏皮,春花图欢快,春风图轻柔,春雨图平静。一生说:春草图应读得活泼,春花图热烈,春风图欢快,春雨图轻柔。一生说:……

在学生初步感知与体验的基础上顺藤摸瓜,要求学生找出情感基调的依据,即对朗读脚本进行设计:根据对文本的理解和自己的生活体验,把握每段的情感基调,对你认为重要的字词句进行语气、节奏、情感上的处理。可以设计配上某种乐器或某支曲子,并说出自己这样处理的理由。

一生说:"春草多俏皮,'偷偷地''钻',不让别人知道,我认为应用俏皮的语气去读。乐器就免了,来一段口哨,最能表现小草的心情。"我说:"你就用俏皮的语气读一下,表现小草的心情。谁为他吹口哨伴奏?"结果有好几位自告奋勇者。

少年亮丽的音色与轻松的口哨声交织出的是一丝情愫的颤动——那曾经的纯真、顽皮的童年。

一生说:"春花可爱,'散在草丛里,像眼睛、像星星,还眨呀眨的',我特别喜欢这个'眨'字,写出了花的鲜嫩,透着一股机灵劲儿,并向着你笑,我认为应该读出机灵与欢乐。"

有一位男生在别人说完春风温柔的特点后说:"春风图热闹,如'混''酝酿''呼朋引伴地卖弄''应和''嘹亮地响着',这一切都是春风催生的。春风吹又生,我认为应读得兴高采烈!"另一位男生表示不同意:"我认为开头应读得柔和,一切都在悄悄地发生,'抚摸''混''酝酿'应读得轻声柔缓,背景音乐可以配上舒缓的小提琴曲。从'鸟儿将巢安在繁花嫩叶当中,高兴起来了'才可以激动起来,尤其是'呼朋引伴地卖弄清脆的喉咙'应读出一分热烈、一分兴奋,可以加入钢琴热烈的音符,对了,还有笛子嘹亮、悠远的声音。"我请学生现场朗读,第二种处理意见的朗读效果不错。

在理由的陈述中,突出强调情感的体验和词语的品味。将朗读、品析、设计融为一体,学生扮演了设计者、实施者的角色。学生这样去解读、品析文本,兴趣盎然,对《春》进行了一次全新的诠释。

【案例评析】

第一,阅读是读者和文本相互对话、建构情境的动态过程,传统语文教学片面强调对文本的分析,刻意追求语文知识的系统和完整,学生只能被动接受一些貌似真理的标签式的结论,或是零碎的知识碎片,学生主体的情感体验被丢弃在角落中无人关注。如何才能提高阅读教学的有效性?我认为朗读教学是不错的选择,现在有些课堂教学开始注重朗读,但仔细观察,或是为朗读而朗读,或是朗读走过场,朗读与阅读两张皮,朗读教学并没有促进阅读教学的展开。真正有效的朗读教学是通过朗读,让学生走进文本,直接感受文本的内心,唤起读者的情感体验,从而找到文本的内涵。通过有表情地朗读,培养学生的语言感知能力,使其能体验到语言文字的情趣,从语言的气势、韵味、节奏、停顿中浮现出各种生活场景,再现文本中人物的音容笑貌,更真切地感受他们的喜怒哀乐、悲欢离合,进而领悟文本的思想内涵。

第二,在《春》这段案例中,我采用角色朗读,要求学生设计朗读的脚本,将静态的文本转化为动态的脚本,融入学生自己最真切的感受、独特的个人体验,再加上一些创造性的解读。如一生说:"春草多俏皮,'偷偷地''钻',不让别人知道,我认为应用俏皮的语气去读。乐器就免了,来一段口哨,最能表现小草的心情。"这位学生的阐述就与传统的理解不一样。虽然不免简单,但这是他个人的发现,有自己的情感体验。建构主义理论强调学习者主动建构意义的过程。而"那少年亮丽的嗓音与轻松的口哨声交织出内心情感的展示",这是教育者应该珍视的。这与新课标所提倡的"中学生应具有独立阅读的能力,注重情感体验,有较丰富的积累,形成良好的语感"的要求相符合。

提高课堂阅读教学有效性的教学策略初探

语文教学中阅读教学该怎么上？这个问题是笔者自从教以来一直思考的问题。近来语文教学的有效性研究吸引了大家关注的目光，请看文中对一段课堂教学片段的记录：

学习《我的叔叔于勒》一课，学生们正四人一组探究着文本。

师：这一组同学通过合作提出的问题，挺有意思。现在我有个问题请大家思考，这篇小说的叙述者是"我"，那这个"我"和作者莫泊桑之间有什么关系？

生：莫泊桑塑造的"我"。（生笑）

生：我觉得作者是从文章中的"我"这个角度，发表了作者对这个社会的感慨。

师：显然大家都知道一个常识，小说中的"我"并不等同于作者本人，就像刚才同学说"我"是莫泊桑塑造的，对，确实是这样。关键是这个叙述者和作者是什么关系？有同学说了，他们的立场基本是一致的。也就是说，莫泊桑选了一个可靠的叙述者，这个叙述者基本就代表了莫泊桑的态度。由此引申出一个小问题，为什么选择一个孩子作为叙述者，而不是于勒？

生：因为在人们的心中，孩子是最纯真、最真诚的，孩子一般不会故意地去掩饰什么。作者从一个孩子的角度，更好地批判了这个社会，这个资本主义社会除了钱，什么都不重要了。（生鼓掌）

师：好，请坐。这个同学说得挺好的。也就是说，孩子的眼睛是纯真的，用孩子的眼睛来展现他父母那丑陋的一幕幕,这种讽刺意味就非常明显了。另外,我想补充一点,在孩子身上是否也寄托着莫泊桑对这个社会、对人类的一份希望?回想一下,咱们学过的同是法国作家的都德写的《最后一课》,叙述者是谁呀?

生:也是一个"我",也是一个小孩。

师:为什么选择他来叙述呀?能不能让韩麦尔先生来叙述故事?

生:因为"我"经常逃学,厌恶学法语,上最后一课却那么热爱法语,就更好地表现了爱国的主题。

师:对祖国的感情这时候占据了一切,使他发生了脱胎换骨的变化。选择一个孩子,选择这样一个小人物,凸显出爱国的主题。韩麦尔先生呢,他前后变化也有,但没有那么强烈。与莫泊桑同时期的许多法国作家,都善于通过写小人物来表现大主题。莫泊桑和都德都选择了"孩子"作为叙述者,而且都是"可靠的叙述者"。

【教学反思】

这个教学片段中,教师在学生合作探究的基础上,精心设计了两个问题:(1)这篇小说的叙述者"我"与作者莫泊桑的关系,是否作者本人?(2)为什么选择一个孩子作为叙述者,而不是于勒?有效的引导使学生对文本的主题即对资本主义这个金钱至上的社会对人性的扭曲有了更深刻的体验。学生的回答正表明这个设定的教学目标的完成。阅读教学有没有实效,并不是指教师有没有教完内容或教得认不认真,而是指学生有没有学到什么或学生学得好不好。这就是有效阅读教学的目的。有效阅读教学的核心就是教学的效益,所谓"有效"主要是指通过教师在一段时间的教学后,学生所获得的具体进步或发展。著名教育家张志公先生曾说过:"学会阅读,才能生存,才能发展。"有效阅读的关键是教学设计的"优化"和教学结果的"有效"。如何实施呢?

首先,学生有兴趣是有效阅读的前提。

兴趣是学生在学习过程中的内驱力,是由学科内部的刺激唤起的生理机制的潜能而产生的一种驱使学生去学好该功课的巨大动力。现代心理学认为,青少年心智发展的根本原因是一种内在的认知需要。与所有的学科教学一样,语文阅读能力的提高,乃至学生语文综合素养的提升,都离不开学生的积极有效的参与,有了积极有效的参与,学生才会进入到课堂对话中来,才会有独特的阅读感悟,阅读教学才会碰撞出绚丽的火花。从这个意义上说,激发并使学生保持持续的阅读兴趣是衡量有效阅读的前提。

其次,教学设计的"优化"是有效阅读的关键。

萨特曾说过:"阅读是被引导的创造。"那么教师正是学生阅读的引路者,一个足够用心的教学设计,将引导学生深入文本的情感世界,沉浸于文本所建构的感情旋涡中,体会深层的意蕴。

(1) 导入过程中的"优化"

魏书生老师说:"好的导语像磁铁,一下子把学生的注意力聚拢起来,好的导语又是思想的电光石火,能给学生以启迪,催人奋进。"[①]如在教学朱自清先生的名篇《春》时,善于使用语言的教师,利用亲切的语调中蕴涵的情感来引导学生进入文本的世界,带着学生在诗词的海洋中徜徉一番。师说:一提到春,我们眼前就仿佛展现了阳光明媚、东风荡漾、绿满天下的美景,就会觉得有无限的生机、无穷的力量。古往今来,无数的文人用彩笔描绘春天、歌颂春天。同学们想一想,诗人杜甫在绝句中是怎样描绘春色的?同学背诵:"两个黄鹂鸣翠柳,一行白鹭上青天。窗含西岭千秋雪,门泊东吴万里船。"我又问:王安石在《泊船瓜洲》中又是怎样描绘的?"京口瓜洲一水间,钟山只隔数重山。春风又绿江南岸,明月何时照我还。"就这样,一个贴近学生生活的情境,一个学生阅读需要的世界,使学生从中自然可以形成有效阅读的兴趣与体验,让学生与文本呈现和谐的氛围。

(2) 教学过程中的"优化"

如抓住文章中间的过渡句。在教学《孔乙己》时,可抓住文章中间的过渡句:"孔乙己是这样的使人快活,可是没有他,别人也便这么过。"引导学生思考:孔乙己为什么使人快活?孔乙己是什么样的性格特征?那些人对孔乙己的态度是怎

---

① 魏书生、张彬福、张鹏举:《魏书生中学语文教学改革实践研究》,济南:山东教育出版社,1997年。

样的？后来为什么没有了孔乙己？没有了孔乙己，别人是怎么过的？反映了当时什么样的世态人情？这样一来，有关这篇文章的很多问题就紧紧围绕着这句话展开。《皇帝的新装》中，抓住一个"骗"字：谁骗人？谁被骗？核心人物是谁？他们分别具有什么样的性格特征？谁没有被骗？为什么？可以说一个"骗"字贯穿了整个课堂教学，紧紧抓住了学生的心。

最后，学生有收获是有效阅读教学有效的体现。

课堂学习作为学生的一种主要的精神劳动与心理付出，必然要讲求收获和回报，必须在语文阅读教学之中有明显的体现。

(1) 激励学生阅读的创新精神

古人云："学贵有疑。"思考的核心是创新。语文新课程标准强调：要逐步培养学生自主学习的意识和习惯，尊重学生的个体，发挥学生阅读的创新精神。

要让学生学会有效阅读，学生需要在阅读过程中善于提问，自主寻找答案。教师要优化教学设计，激励学生勇于表现自我，发表自己的见解。教师同时给予延时评价。因为这种延时评价既可为学生准确理解文本内容提供情感上的支持，又可给那些异彩纷呈的答案预留广阔的空间。如在阅读冯骥才的《珍珠鸟》时，学生对珍珠鸟可爱之处特别喜欢，就反复诵读文本，认真思考。教师鼓励学生结合自己养宠物的体验去感受珍珠鸟的顽皮，感悟作者内心的喜悦，让学生对文中主旨句"信赖，往往创造出美好的境界"的深层含义给予更多体会和理解。有学生认为"人鸟和谐相处是因为我超脱私欲，用爱心为它们营造了宽松自由的空间，是信赖创造出美好，是自由宽容培育了信赖"。另有同学指出："生命是平等的，没有高低优劣之分。爱护动物，珍爱生命，用爱心去创造理想境界，对于人与人、国与国之间又何尝不是如此呢！"这些有创意的回答是学生创新精神的体现，是欣赏后的再创造。

(2) 提高学生对文本的鉴赏能力

注重多读，提高鉴赏能力是有效阅读的目标。鉴赏是指鉴别和欣赏文本的语言、写法、结构，鉴别和欣赏文本的思想内涵和社会意义，从而得出一定的认识和评价。对文本的鉴赏首先是对字词、句的分析，通过鉴赏作品的外部语言，逐步渗入到作者情感的旋涡。学生对文本的字、词、句、篇章、结构、语言的鉴赏能够准确地渗入作者的内心，进入文本的深层境界。如刘成章的抒情性散文《安塞腰鼓》主要描写了黄土高原上一群茂腾腾的后生们所表演的民间艺术——安塞腰鼓。作者在欣赏表演时，从后生们的舞姿、动作、鼓声中感受到黄土高原上炽热生命的赞歌。文本中"急促的鼓点""飞扬的流苏""蹦跳的脚步""闪射的瞳仁""强健的风姿"爆发出一场"豪放""火烈"的舞蹈，那"挣脱了""冲破了""撞开了"的一股劲。这些语言酣畅淋漓地揭示了生命的美、力量的美、阳刚的美。

(3) 培植学生的审美能力

叶圣陶先生早就指出，在语文阅读活动中，进行美感（即审美）教育，培植学生的审美能力，是"语文教学悬着的明晰目标"[①]。新的语文课程标准也强调："语文课程还应重视提高学生的品德修养和审美情趣，使他们逐步形成良好的个性和健全的人格，促进德、智、体、美的和谐发展。"语文阅读活动与审美教育有着不解之缘，审美教育不仅是语文课堂阅读教学所不可忽视的目标之一，而且加强审美教育有助于提高语文阅读的质量，深化语文阅读的效果。

冰心的《谈生命》是一篇具有哲理意蕴的"生命体验"的散文文本，内容深邃、鲜明，文字生动，结构上更像一首散文诗，文中揭示了生命由生长到壮大，再到衰弱的过程。学生从文本的阅读中感受到冰心老人的奋斗的意志和乐观的精神。在《假如给我三天光明》的有效阅读中，学生不仅感受到作者对生命的热爱，也感受到作者对生活的热爱。语文阅读教学中的审美教育，领着学生进入阅读对象所展示的优美境界，使他们在对美的探究中受到熏陶，引起心灵的颤动，从而培养美好的情感，唤起对美的追求。

让我们在语文教学中放飞有效阅读的翅膀，为万紫千红的语文教学园地再添一朵奇葩。

[①] 中央教育科学研究所编：《叶圣陶语文教育论集》，北京：教育科学出版社，1980年，第162页。

情境驱动，读写融合
——八年级下册第一单元"民俗篇"学习任务群设计

单元的大概念是民俗文化，感受丰富多彩的地域文化，理解民俗的价值和意义，同时，要学习运用多种表达方式和句式来表达情感体验。

单元的核心任务是品味他乡民俗文化的魅力，参与家乡民俗文化建设。

任务一　围绕主题，梳理单元主要内容。

任务二　围绕主题，梳理语言表达技能。

任务三　围绕主题，设计新的情境，运用语言表达技能，实现读写融合。

任务四　围绕主题，联系有关名著内容，完成新的情境读写任务。

在任务设计中，不仅有学的内容，还要有设计的评价的标准，做到教、学、评的一致性，任务设计时，要注重学生实践运用能力的培养。

【创设情境】

学校近期拟筹办"身边的民俗文化"展览，设计有"课本中的民俗"板块，小苏老师是该板块的布展人，请你帮助小苏老师梳理本单元的民俗知识和民俗文化，为展览提供有用的素材。

任务一　整理课本中的民俗，感受民俗之魅

活动1　设计一个"民俗知识和民俗文化知多少"的学习表格，请你完成，请你根据本单元课文的内容来进一步完善表格设计。

课文	民俗名称	民俗解释(简介)	与民俗有关的事件	
《社戏》	社戏	社中每年要演的年规戏。	叙述了"我"少年时一段看水乡社戏的往事。	
《回延安》	信天游	陕北民歌的形式,两行一节,形式活泼,节奏自由。使用了富有地方色彩的词语,展示出浓郁的陕北风情。	描写了"我"回到延安的所见所闻所感,追忆过去延安难忘的岁月,展现延安的风土、人物、革命精神。	
《安塞腰鼓》	安塞腰鼓		描写了一次安塞腰鼓表演的宏大场面和粗犷豪放的气势。	
《灯笼》	挂灯笼			

具体要求：1. 根据每个项目的示例,来完成有关的填空。

2. 请在右列第一个空格处根据本单元内容自主设计一个项目名称,并完成本项目的内容填空。

活动2 小苏老师想在"课本中的民俗"板块以图片的形式来展现"安塞腰鼓"这一陕北地域文化艺术,请你结合课文内容和下图写一段解说词(**100字左右**)。(解说词注重描述性的阐述)

(推荐词要求学生在细读文本的基础上进行整体感受,促进其对文本的理解更深刻。)

请你根据解说词要注重描述性的阐述的要求具体评价解说效果,可利用下面的评价量表来完成。

地域特点、文化特色、西北人吃苦耐劳的精神、粗犷、朴实、开朗的性格、语言特点

解说词评价表

解说角度	解说内容	解说效果
民俗的特征		
解说的顺序		
描述的方法		
语言的特点		
人物的精神		

任务二 感受民俗之美——获得文化鉴赏力

活动1 小苏老师想在"课本中的民俗"板块中,设置"民俗之美"的视频展示,目的是与同学们分享民俗文化的艺术美,并学会表达民俗文化之美的手法,请你帮助小苏老师,根据要求,完成具体任务。

(1)民俗之美需要具体的物象来展现,请从本单元的四篇课文中选择一个能表现课文中的民俗特点的物象来编写微视频拍摄脚本。

示例:《灯笼》

选择物象:灯笼

背景材料:

手中灯笼点亮、村口红灯高照、宅第红灯高挂、对纱灯的描红、对宫灯的想象

镜头一:

祖父好在路上轻易不提斡旋着的情事,倒是一路数着牵牛织女星谈些进京赶考的掌故:雪夜驰马,荒郊店宿,每每令人忘路之远近。村犬遥遥向灯笼吠了,认得了是主人,近前来却又大摇其尾巴。到家常是二更时分。

镜头二:

母亲给留着的宵夜食品便都是在亲手接过了灯笼去后递给自己的。为自己特别预备的那支小的纱灯,样子也还清清楚楚记在心里。虽然人已经是站在青

春尾梢上的人,母亲的头发也全白了。

镜头三:

跟了一条龙灯在人海里跑半夜,不觉疲乏是什么,还要去看庆丰酒店的跑马灯,猜源亨油坊出的灯谜。家来睡,不是还将一挂小灯悬在床头吗?梦都随了蜡火开花。

镜头四:

最壮的是塞外点兵,吹角连营,夜深星阑时候,将军在挑灯看剑,那灯笼上你不希望写的几个斗方大字是霍骠姚,是汉将李广,是唐朝裴公吗?雪夜入蔡,同胡人不敢南下牧马的故事是同日月一样亮起了人的耳目的。你听,正萧萧班马鸣也,我愿就是那灯笼下的马前卒。

编写意图:挑着灯笼,迎回祖父,长幼情笃;接过纱灯,上下灯学,母子情深;跟着龙灯跑半夜,伴着小灯入梦,梦都随了蜡火开花;将军在挑灯看剑,那灯笼上映照着"我愿就是那灯笼下的马前卒"的内心呐喊。"灯笼"已经和生活不可分离,装点着人们的情感;"灯笼"与文化不可分离,心系着大众和天下的情怀。

编写任务:课文《　　　》

选择物象:＿＿＿＿＿＿＿＿＿＿＿＿＿＿＿＿＿＿＿＿

背景材料:＿＿＿＿＿＿＿＿＿＿＿＿＿＿＿＿＿＿＿＿

镜头一:＿＿＿＿＿＿＿＿＿＿＿＿＿＿＿＿＿＿＿＿＿

镜头二:＿＿＿＿＿＿＿＿＿＿＿＿＿＿＿＿＿＿＿＿＿

镜头三:＿＿＿＿＿＿＿＿＿＿＿＿＿＿＿＿＿＿＿＿＿

(2)民俗之美需要有具体的人物的言行、举止来表现。请你从本单元的四篇课文中选择一个具体的场景来编写微视频的脚本,请根据示例来完成。

选择场景:孩子们偷豆、吃豆。

背景材料:一片罗汉豆地、一群看完社戏归来的孩子、一条航船、一口锅、一堆柴火、两支橹。

镜头一:岸上的田里,乌油油的都是结实的罗汉豆。一群孩子正跑进田里,双喜先跳下去了,在岸上说:"阿阿,阿发,这边是你家的,这边是老六一家的,我们偷哪一边的呢?"

镜头二:阿发一面跳,一面说道,"且慢,让我来看一看罢",他于是往来的摸了一回(镜头特写:阿发摸着饱满的豆荚,脸上露出得意的神情),直起身来说道,"偷我们的罢,我们的大得多呢。"一声答应,大家便散开在阿发家的豆田里,各摘了一大捧,抛入船舱中。

镜头三:我们中间几个年长的仍然慢慢的摇着船,几个到后舱去生火,年幼的和我都剥豆。

镜头四:不久豆熟了,便任凭航船浮在水面上,大家都围起来用手撮着吃。(镜头特写:吃豆时的高兴)

编写意图:这段场面描写突出了双喜和阿发两个人物,双喜是孩子们的头,聪明有主意;阿发的善良和无私、淳朴;这场面是让"我"难以忘记的,它让"我"体会到水乡醇美的风土人情,这也是《社戏》写作的目的。

编写任务:课文《　　》
选择的场景:_____
背景材料:_____
镜头一:_____
镜头二:_____
镜头三:_____

活动2 小苏老师在分析本单元表现民俗文化的艺术手法时,发现不同文章中长短句式使用是不同的,请你来帮助小苏老师完成以下的分析任务。

《社戏》描写自然美景时运用的长句:两岸的豆麦和河底的水草所发散出来的清香,夹杂在水气中扑面的吹来;月色便朦胧在这水气里。淡黑的起伏的连山,仿佛是踊跃的铁的兽脊似的,都远远地向船尾跑去了,但我却还以为船慢。

《安塞腰鼓》描写场景时运用的短句:骤雨一样,是急促的鼓点;旋风一样,是飞扬的流苏;乱蛙一样,是蹦跳的脚步;火花一样,是闪射的瞳仁;斗虎一样,是强健的风姿。黄土高原上,爆出一场多么壮阔、多么豪放、多么火烈的舞蹈哇——安塞腰鼓!

《灯笼》民俗后作者寄予情思的长短句:最壮的是塞外点兵,吹角连营,夜深星阑时候,将军在挑灯看剑,那灯笼上你不希望写的几个斗方大字是霍骠姚,是汉将李广,是唐朝裴公吗?雪夜入蔡,与胡人不敢南下牧马的故事是同日月一样亮起了人的耳目的。你听,正萧萧班马鸣也,我愿就是那灯笼下的马前卒。

你的分析:＿＿＿＿＿＿＿＿＿＿＿＿＿＿＿＿＿＿＿＿＿＿＿＿＿＿＿
＿＿＿＿＿＿＿＿＿＿＿＿＿＿＿＿＿＿＿＿＿＿＿＿＿＿＿＿＿＿＿＿＿
＿＿＿＿＿＿＿＿＿＿＿＿＿＿＿＿＿＿＿＿＿＿＿＿＿＿＿＿＿＿＿＿＿

活动3 假如让你描写小明同学在学校国旗下讲话时的场景,你觉得应该主要采用怎样的句式,请分析,并写下这一场景,不超过100字。

(1)你的分析:＿＿＿＿＿＿＿＿＿＿＿＿＿＿＿＿＿＿＿＿＿＿＿＿
＿＿＿＿＿＿＿＿＿＿＿＿＿＿＿＿＿＿＿＿＿＿＿＿＿＿＿＿＿＿＿＿＿

(2)你的描写:＿＿＿＿＿＿＿＿＿＿＿＿＿＿＿＿＿＿＿＿＿＿＿＿
＿＿＿＿＿＿＿＿＿＿＿＿＿＿＿＿＿＿＿＿＿＿＿＿＿＿＿＿＿＿＿＿＿

任务三　行走在家乡民俗现场——获得文化自信力

在民俗文化展中,小苏老师想设计"家乡的民俗"展览板块,请你走进家乡的大街小巷,探寻家乡的民俗文化,为小苏老师的设计提供有用的素材。

活动 浦口"手狮舞"是当地有名的民俗活动,假如你来到了"手狮舞"的表演现场,看到了生龙活虎的表演,请你根据要求,回答问题。

(1)新春佳节,为了活跃节日气氛,作为舞蹈类的非遗传承——浦口永宁"手狮舞"队参加2023"文化遗产日"江苏省活动,请你根据"手狮舞"的铭牌介绍内容来设计三个采访问题,问题要呈现一定的思维梯度。

创意阅读

> 江浦手狮舞,是浦口传承了几百年的民间优秀文化遗产,其主要特征,一是人狮合一,仿生娱人。表演者和手狮有时候表达的全是狮子的憨态或勇猛,有时候则是表演人和狮子的相互逗乐,娱己娱人。二是技艺简约,语汇生动。手狮道具轻巧灵动,表演者动作得心应手,故而舞蹈语汇生动。如"转背流云""翻身搏鹰""蛟狮盘柱"等,都能直观地表达舞狮者的思想情感。三是轻巧灵动,翻飞自如。因手狮舞主要是人举着狮子玩,故而解放了表演者的面部表情和手脚的配合运用,因此显得十分灵巧生动,活泼自如。四是造型憨态优美,色泽艳丽古朴。道具手狮,造型憨态可掬,其色彩既有强烈对比的艳丽,又不失乡村美术的古朴典雅。
>
> 江浦手狮,现今在促进邻里团结、激发人们积极向上、构建和谐社会等方面仍然发挥着重要的艺术及人文价值。

设计的问题:① _____

② _____

③ _____

(2)浦口"手狮舞"表演依傍百里老山,热闹和宁静交织,请你借鉴《灯笼》中描写场景的方法加以描写,不超过150字。

> 连活活的太阳算着,一切亮光之中,我爱皎洁的月华,如沸的繁星,同一支夜晚来挑着照路的灯笼。提起灯笼,就会想起三家村的犬吠,村中老头呵狗的声音;就会想起庞大的晃荡着的影子,夜行人咕咕噜噜的私语;想起祖父雪白的胡须,同洪亮大方的谈吐;坡野里想起跳跳的磷火,村边社戏台下想起闹嚷嚷的观众,花生篮,冰糖葫芦;台上的小丑,花脸,《司马懿探山》。真的,灯笼的缘结得太多了,记忆的网里挤着的就都是。
>
> ——节选自《灯笼》

我的描写:_____

_____

任务四　品味名著中的民俗文化——获得理性之力

在民俗展中,小苏老师还想布置"名著中的民俗"展览版块,请根据资料链接,对部分名著中的有关民俗的节选内容作探究,为小苏老师的展览设计提供帮助。

资料链接

(一)

民俗文化是特定的国家或民众群体,在改造自然、发展自己的实践中,创造、选择或凝聚、升华而成程式化的不成文的规矩,是一种在民众中自行传承或流传、流行的模式,生动活泼的生活文化。

由于自然地理的阻隔或政治经济等因素的作用,常常会出现所谓"十里不同风,百里不同俗"的民俗文化区域差异现象。

——摘自《中国民俗文化》(柯玲编著)

(二)

社戏指在社中进行的一种奉祀社神风俗的戏艺活动,有着酬神祈福、文化娱乐或商业相关的意义,它在中国民间广泛流行。社戏一般在庙台或草台(临时搭建)上演出。庙台有两种:一为建于庙宇大殿前的天井内,庙台正对像;二为筑于庙门的水上舞台,或称"水台",观众可坐在船上看戏,绍兴至今尚保留着"阮社""谷社"这样的村名。每个社有社庙——土地庙,庙里供着土地神,祭社的日子叫"社日"。

——摘自百度百科《社戏》

(三)

《儒林外史》节选

转眼长夏已过,又是新秋,清风戒寒,那秦淮河另是一番景致。满城的人都叫了船,请了大和尚在船上悬挂佛像,铺设经坛,从西水关起,一路施食到进香河,十里之内,降真香烧的有如烟雾溟蒙。那鼓钹梵呗之声不绝于耳。到晚,做的极精致的莲花灯,点起来浮在水面上。又有极大的法船,照依佛家中元地狱赦罪之说,超度这些孤魂升天,把一个南京秦淮河变做西域天竺国。到七月二十九日,清凉山地藏胜会,——人都说地藏菩萨一年到头都把眼闭着,只有这一夜才睁开眼,若见满城都摆的香花灯烛,他就只当是一年到头都是如此,就欢喜这些人好善,就肯保佑人。所以这一夜,南京人各家门户都搭起两张桌子来,两枝通宵风烛,一座香斗,从大中桥到清凉山,一条街有七八里路,点得象一条银龙,一夜的亮,香烟不绝,大风也吹不熄。倾城士女都出来烧香看会。

《骆驼祥子》节选

崇效寺的牡丹,陶然亭的绿苇,天然博物院的桑林与水稻,都引来人声伞影;甚至于天坛,孔庙,与雍和宫,也在严肃中微微有些热闹。好远行的与学生们,到西山去,到温泉去,到颐和园去,去旅行,去乱跑,去采集,去在山石上乱画些字迹。寒苦的人们也有地方去,护国寺,隆福寺,白塔寺,土地庙,花儿市,都比往日热闹:各种的草花都鲜艳的摆在路旁,一两个铜板就可以把"美"带到家中去。豆汁摊上,咸菜鲜丽得象朵大花,尖端上摆着焦红的辣椒。鸡子儿正便宜,炸蛋角焦黄稀嫩的惹人咽着唾液。天桥就更火炽,新席造起的茶棚,一座挨着一座,洁白的桌布,与妖艳的歌女,遥对着天坛墙头上的老松。锣鼓的声音延长到七八小时,天气的爽燥使锣鼓特别的轻脆,击乱了人心。

结合上面的材料,再查找其他相关的材料,请你分析南京、北平的风俗为何总是与寺庙、园林、祭坛等连在一起。

我的理解:_____

创意写作

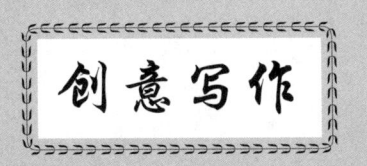

初中创意写作课程开发的"突破"和"创新"

现在初中写作教学,出现了大量的"失语"现象,如表达程式化,缺少个性;选材虚假化,缺乏真情实感。"初中创意写作课程"是针对初中生写作需要及新课标的要求,为解决学生无事可写、无情可抒、无理可议的难题,从结构上构建一个可学习、易操作的"素养型写作课程"模式;从内容上提供一个多元化、可复制的课程框架,旨在促进学生语言表达能力的提升。

"创意写作"英文为"creative writing",其中"creative"意指"创造性的,有创造力的"。著名创意写作学学者葛红兵认为:"创意写作"是一切创造性写作的统称,即以写作为样式,以作品为最终成果的一切创造性活动。① 从1936年美国爱荷华大学创建创意写作工坊到现在,"创意写作"研究如火如荼,已经培养了大量创造性写作人才。笔者团队开发的"初中创意写作课程"以"学生个体成长体验"为起点,借助"创意写作课程"这一载体,对课程目标、内容选择、思维方式、时间安排、过程评价等方面进行实践探究,意在建构一个遵循学生身心发展规律,有利于核心素养形成的"素养型写作课程"基本模式。

一、突破目标,实现课程目标层次的创新

《义务教育语文课程标准(2022年版)》(以下简称"新课标")在课程目标7—9年级"学段要求"中提出:"多角度观察生活,发现生活的丰富多彩,能抓住事物的特征,为写作奠定基础。写作要有真情实感……力求有创意。"依照新课标的指引,笔者以"创意"为核心,用创意统领创作,依托教材,融入生活经验和文学体

---

① 葛红兵、许道军:《中国创意写作学学科建构论纲》,《探索与争鸣》2011年第6期。

验,把创意写作与"写作"活动相连、与日常生活相连、与文学阅读相连、与跨学科学习相连,整合创意活动、写作训练、思维训练,突出创意写作教学的创造性、发展性、趣味性、开放性,真正解决作文教学中学生情感失真、情节失实、构架失态的难题,凸显"创意写作课程"目标达成的层次差异。

七年级侧重"会写""趣写",让学生在"玩"中找寻素材、学会个性表达;八年级侧重文体写作、实用写作,突出"类写""用写",让学生在"用"中选择素材,进行创作;九年级突出思维能力的训练,强调"理写"和"创写",让学生在文理、事理、情理中体会思维逻辑,创造素材,学会理性、创意表达。

下面选取了七上、八上、九上三个学期的创意写作课程目标,通过比较,你会发现,"初中创意写作课程"目标呈现螺旋上升的递进特点。

学期	单元	主题	训练目标
七上	1	窗外	学习描写景物
	2	我们是一家人	学会记事
	3	猜猜"我"是谁	写人要抓住特点
	4	鸡蛋里有骨头吗?	思路要清晰
	5	蚯蚓爬进课堂	如何突出中心
	6	十年后的"我"	学会想象和联想
八上	1	对校长的一次访问	新闻特写
	2	同学小传	学写传记
	3	"书法之乡文化遗产"申请报告	学写申请报告
	4	我第一次骑车	语言要连贯
	5	"青春仪式"邀请函	表达要得体
	6	窗外的桥	说明事物要抓住特征
九上	1	窗外——春三月的诗	诗歌创作
	2	如何看待电子游戏	观点要明确
	3	知足和快乐	议论要言之有据
	4	班级读书档案	学习缩写
	5	驳"近朱者赤,近墨者黑"	论证要合理
	6	"范进中举"课本剧	学习改写

续表

学期	单元	主题	训练目标
	7	《故乡》宏儿和水生长大后见面	学习续写

上表中,七年级侧重培养学生的写作兴趣和写作习惯,初步写人记事的能力;八、九年级注重文体写作、实用写作、改编写作、创意写作,每个单元训练目标尽量与本单元阅读重点配合,体现"读写结合"理念。不同学期的主题不同,指向的训练目标有层次的差异,即使同一个主题,在不同年段,目标要求也不同。如"窗外"的主题,七年级侧重"景物描写",主题是"窗外";八年级侧重"说明事物特征",主题是"窗外的桥";九年级侧重"诗歌创作",主题是"窗外——春三月的诗"。下面是两位九年级同学的诗《窗外》:

<h3 style="text-align:center">窗外</h3>

吕新悦

她温柔地敲了敲我的窗
拎着裙摆
化作几滴清澈
落入凡间
月季在她的呓语中
无声的
安然的
入睡了
柳条在她的吟唱中
含蓄的
欣然的
起舞了
那一丝清澈落在我的掌心
哦,是雨,是春来了

<h3 style="text-align:center">窗外</h3>

夏雨莎

又是一年
农民伯伯指尖的
那些泥土的光阴
又开始蔓延
它无声无息
但我也能感受到
春的来临
窗外的绣球花
笑而不语
一旁的雏菊
引来春意
和着朦胧细雨
一派生机

吕新悦的诗写出了"雨是春的使者",拟人化语言将春雨的温暖、轻柔展现出来;夏雨莎的诗突出了"春雨给大地带来的勃勃生机,春天给大自然带来崭新的希望",在诗中运用了托物言志的手法。这两首抒真情的诗,丰富了学生个体创意语言库和创意素材库,也是对标"创意写作课程"层次目标所生成的创意成果。

二、突破教材,实现课程内容自主选择的创新

创意写作首在创意,创意其实来自自己,来自自己的"心思",生活经验是创意写作的直接经验,文学阅读体验是创意写作的间接经验,两者共同构成了创意写作最基本的源泉。

在"初中创意写作课程"中,创意写作不仅是信息传递、表情达意、交际实践的工具,也是学生个体"自我挖掘"的过程,即发现自我、形成自我和表达自我的过程,生活经验和文学体验丰富了学生的"心思",有"心思"就有了创意。"创意写作其实就是赋予心思一个文字形式。"[①]美国学者米亚斯说,创意写作"真正的目的在于提高学生创造性体验和表达的能力"[②]。是学生个体对自然、社会、人生的感受、体验和思考,学生借助"创意写作"丰富自己的"心思"。

"创意写作课程"是自主开发的校本课程,是统编教材的延伸和拓展,"引导学生成长为主动的阅读者、积极的分享者和有创意的表达者"[③]。教师通过设计创意写作任务群,鼓励学生依据写作任务的需要"整合学习内容、情境、方法和资源等要素"[④],自主选择课程内容,使语文学习和语文生活沟通,学习方式和生活空间融合。

如"中秋赏月"主题,在教材中多处涉及,在"创意写作"中,笔者对教材内容和课外资料进行整合,设计了"中秋赏月诉衷情"的写作任务群。

1. 共话诗词

【摘抄积累】中秋自古美名无数,也有无数文人骚客留下关于中秋的诗词或

---

① 葛红兵、许道军主编:《大学创意写作·文学写作篇》,北京:中国人民大学出版社,2017年。
② D. G. Myers. The Elephants Teach: Creative Writing Since 1880[M]. Chicago: University of Chicago Press, 2006.
③ 中华人民共和国教育部:《义务教育语文课程标准(2022年版)》,北京:人民教育出版社,2022年。
④ 中华人民共和国教育部:《义务教育语文课程标准(2022年版)》,北京:人民教育出版社,2022年。

故事。在这文化星河中,拾取你认为最璀璨的那一颗。积累统编语文教材中与"中秋"或者"月亮"有关的典故或者诗词。

2. 对月赋诗

【诗歌创作】无数诗人在月夜下,泼墨留下无数优美诗篇。作为一名小小诗人,你在皎洁的月光下,在温馨的环境中,作诗一首,留下属于自己独特的中秋记忆。(可附照片+诗歌)

3. 吃饼撰文

【微写作】观察月饼,尝试把这个月饼画在作文纸空白处;吃月饼,细细品味月饼的味道,描摹这个月饼的样子和味道,记录自己的真实感受,学习《飞天凌空》《一着惊海天》中的细节描写,描摹200—300字。

4. 纸短情长

【书信写作】"人有悲欢离合,月有阴晴圆缺",中秋自古就有团聚赏月的习俗,而就在这团圆月之下,你是否有想见却无法相见之人?为其写一封信吧!告诉他们你的深深思念。

5. 共赏盛会

【观看节目】"天涯共此时"是中秋节一个永恒的话题,观看河南电视台《中秋奇妙游》,邀你和非遗来一场时空之约,领略中国传统文化之美。写一则新闻消息。

上面这组写作任务群中,不同的观察角度、不同的任务、不同的表达方式,对"诉衷情"的写作实践和写作体验是不同的,学生在写作时对课程内容就有了更多的自主选择,呈现了不同体裁的创意成果。

"创意写作"课程的开发,首先要"素养立意",建构课程的高度,"中秋赏月诉衷情"的任务群彰显了中华优秀传统文化的文化自信,也有利于学生的语言运用、审美创造和思维能力等核心素养的形成和发展;其次,要拓宽课程资源的广度,"创意写作"是在"真实的语言运用情境"中的表达和交流,"语境"包括日常生活、文学体验、跨学科情境等,在广阔的学习和生活情境中发现写作素材,多角度创意设计,拓宽课程资源的广度。

三、突破学科思维,实现课程学习思维方式的创新

创意有自己的独特标志,那就是思维方式的创新,它是创意写作最特殊的源泉。思维方式即思维风格,是指学生个体思考问题时呈现出来的独特性。美国学者罗伯特·斯腾伯格和陶德·陆伯特在《创意心理学》中说:"思维风格是指个体以何种方式运用和开发自己的智力,思维风格并不是一种能力,而是个体选择怎样使用能力的形式。"①对于学生来说,一定的创意思维训练是创意写作的必需,创意思维训练重在突破学科思维,实现课程学习思维方式的创新。

"新课标"立足学生核心素养发展的需要,增设了"跨学科学习"的拓展型学习任务群,"引导学生在语文实践活动中,联结课堂内外、学校内外,拓宽语文学习和运用领域"②。"跨"的要求清晰:跨学科、跨问题、跨活动、跨学习,简而言之就是突破学科思维,培养学生的创造性思维能力。

笔者团队建构创意写作课程时,将创意思维训练定格在跨学科及跨思维,"跨学科"是指突破学科思维,将创意写作与其他学科学习有效整合,在其他学科学习中训练创意思维,提升语文素养;"跨思维"强调培养学生成为思维"多面手",不仅具有文学创意和艺术创意所需的观察、感知、联想、想象等形象思维能力,还初步掌握科技创意不可缺少的比较、分析、归纳、推理等抽象思维方法,辩证思维和创造思维。

"创意写作课程"须突破学科思维"瓶颈",才能激发学生大脑中无限的创意,提升学生的语文核心素养。

下面是语文与其他学科整合的创意写作课例:

学科	主题	内容	具体课例
美术	图画作文	图画+文字来解读课文	手绘"岩石的讲述"(说明文《时间的脚印》)
音乐	鉴赏作文	描述对音乐的感受、理解	"苏轼素描"(宋词《定风波》唱曲)

---

① 罗伯特·斯腾伯格,陶德·陆伯特:《创意心理学》,曾盼盼译,北京:中国人民大学出版社,2009年。

② 中华人民共和国教育部:《义务教育语文课程标准(2022年版)》,北京:人民教育出版社,2022年。

续表

学科	主题	内容	具体课例
体育	游戏作文	绘"玩"	"掰手腕"、古代"斗草"游戏玩法介绍
数学	探究作文	记录探究变化规律	圆的"七十二变"
物理	阐述作文	观察物理现象,阐释科学道理	"扫地机器人"的功能和使用方法
化学	演示作文	描述实验中物质的变化,归纳、概括结论	围绕一次化学实验,撰写"化学元素的组合之美"实验报告
生物	体验作文	观察生物变化,推究生理特征	蚯蚓爬进教室——蚯蚓生物研究报告
历史	讲述作文	讲述历史,总结规律,探寻人物风采	以"稻穗"口吻为"一粒米的万年演变史"展览撰写介绍词
地理	分析作文	演示地球及生态变化,学习分析推理方法	"恐龙灭绝的原因假说"(《阿西莫夫短文两篇》)

整合"跨学科"的学习内容,为写作提供了广阔的创意素材,如何突破思维的"束缚"?以"小小古诗词'研究员'"主题来说,笔者引导学生从这几个方面来创意写作:

(1) 将你选出的某一首古诗画成一幅画,并附录本诗改写成的散文"素描"。

(2) 为这首古诗谱曲,并根据音乐和词的意境写一篇听后感。

(3) 把这首古诗改编成课本剧,编写剧本。

(4) 把学过的相关古诗分门别类辑录到一起,编成诗集。

① 确定专题,选择古诗,按一定顺序排列。

② 注释评点。

③ 编辑成集。为诗集起一个新颖别致的名字;设计版式、插图、封面。

④ 撰写"前言"或"编后记",简单记录这本诗集的编辑过程。

这例创意设计突破了传统写作范畴,是知识和思维的综合体现,完成者既要有感知古诗词意象、联想和想象意境的感性思维,分析、比较、归纳的思辨性思维,又要对绘画、音乐、戏剧等学科知识有了解,还须具备编辑整合的创新思维,学生思维风格的独特才使得创意写作呈现精彩。

下面是沈心蕊同学编辑的"盛世诗情"古诗集。

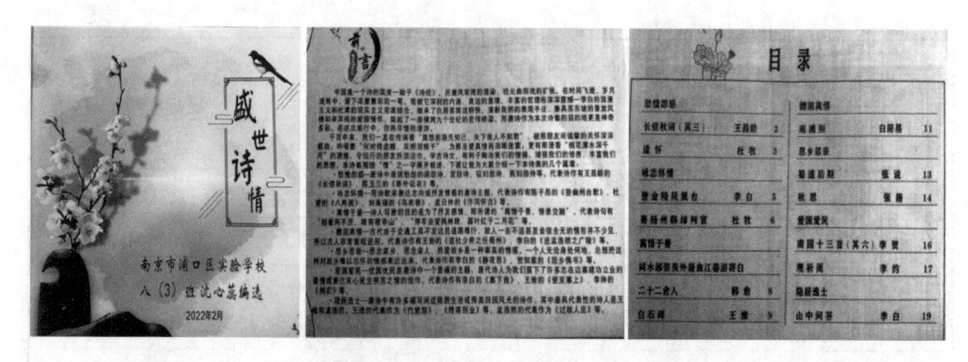

这个喜欢读诗的孩子选择了唐诗，以"诗情"为主线梳理名篇，诗集的分类、注释，图文并茂的设计凝聚着她对唐诗的学习和思考，也是她创造性思维的"闪现"，可见，只有突破"学科"和"思维"的束缚，才能打开创意写作广阔的空间。

四、突破时间，实现课程实施灵活的创新

"初中创意写作课程"是校本课程，为了区别于一般的活动课、装饰课，促进学生语文核心素养的发展，就必须在时间、课时上给予保证，实现课程实施的灵活。

（1）纳入学校语文教学计划，统筹管理，学校将统编教材、校本课程都纳入语文教学计划中，确保课程的实施，"创意写作课程"作为统编教材作文体系的"补充"，原则上，每双周用一节作文课上创意写作内容。

（2）用足"课后服务"时间，开设"创意写作工作坊"，开展创意写作实践活动，充分利用图书馆、互联网、文化场馆、社区生活场景等，精心设计选题，引导学生在学习和生活中学创意表达，用创意表达，提升语言实践创新能力。

创意写作工作坊选题

主题	课例
"画"写	手绘"孔乙己的故事"、蝉的"羽化图"
"养"写	蚯蚓爬进教室、"昆虫记"、蝴蝶"变形记"
"读"写	鲁迅笔下的看客形象、千秋诸葛我评说、班级读书档案
"玩"写	集体"怀孕"、亲情测试、斗草记
"合"写	"分门别类辑古诗"、"一个外星人站在我面前"故事接龙、"青春仪式"策划案

续表

主题	课例
"试"写	"窗外"三月诗会、用剪刀和胶水"写"海报、与校长访谈——采访提纲
"究"写	"寻找浦口名人"调查报告、我的第一份社区文化"策划书"、找寻古诗中的"地理"

（3）捕捉生成，激发灵感。近距离、新鲜感、真实化的学习和生活是学生灵感的"源头"，教师要善于捕捉身边的"动情点"，就地取材、就新取材、就近取材，巧设写作主题。如中考前的"百日誓师"，一份份誓言是学生即席生成的话语，凝聚着热情、自信、创意。

"面对中考，我将竭我所能，勇夺高地……满怀信心，迎接胜利"饱含着热血，我宣誓完毕，当我喊出"宣誓人"的时候，十五个年头，第一次认真、自信地喊出自己的名字。（徐诺冉《自信》）

拼尽所有，只为心中的"花"在考场上绽放！有人选择尽力而为，有人笃定量力而行，我选择全力以赴。（吕惠敏《心中的"花"》）

五、突破评价，实现基于"素养"发展的过程评价手段的创新

校本课程的难点是评价，既缺少理论的引领，也缺乏实践操作。"初中创意写作课程"追求构建"素养型写作课程"，追求"教—学—评"一致，"以评促改"。"新课标"也强调："注重评价主体的多元与互动，以及多种评价方式的综合运用。"创意写作课程创新运用过程评价、发展评价、自我评价等评价手段，实现评价功能的素养发展。具体做法如下：

1. "让数据当老师"，重在"过程评价"

"新课标"提出："过程性评价贯穿语文学习全过程，重点考查学生在语文学习过程中表现出来的学习态度、参与程度和核心素养的发展水平。"学生在创意写作学习中的过程评价依据是课堂关键表现、创意思维小练笔和创意大作文测评等数据，真实、完整地记录学生参加"创意写作"课堂教学及实践活动的表现，

对数据加以分析,让数据当老师,有利于教师的"教",也促进学生的"学"。

如创意写作课堂学生应答话语分析:

学生应答统计表

课例	判断性应答			描述性应答			论证性应答		
	次数	字数和	字数(次)	次数	字数和	字数(次)	次数	字数和	字数(次)
鸡蛋里有骨头吗?	24	129	5.4	26	728	28.0	4	204	51.0
蚯蚓爬进教室来	8	30	3.8	8	122	15.3	1	25	25.0
漫游我的梦想屋	30	163	5.4	12	422	35.2	6	148	24.7
圆的"七十二变"	13	90	6.9	17	570	33.5	4	214	53.5

根据上表数据,结合课堂观察,可以发现:判断性应答、描述性应答、论证性应答,次数依次递减,每次应答的字数却呈现递增,由唤醒生活经历,再现个体体验,到提炼生活意义,回答的问题思维难度加大,对学生的表达能力要求提高。

2."让表格当老师",重在"发展性评价"

发展性评价关注学生个体的进步幅度,具体到创意写作评价是指既需了解学生以前的写作能力,又关注学生现在的写作水平,让学科核心素养的培养和创新思维、创意表达同向合力,为此,"让表格当老师",设计基于素养发展的"三层四维创意写作评价表",作为写作指导、实践和评价的标准,学生通过对标反思,提升创意能力和写作能力。

三层四维创意写作评价表

层级	语言	思维	审美	文化
基础层	语言正确、语句通顺,符合文体要求	文意清楚、结构完整	在生活中选材,有一定的真情实感,能够发现生活中的美	关注文化现象,可以简单地描写和记叙
发展层	语言准确、语句连贯,文从字顺,表达得体	思路清晰,谋篇布局恰当	准确地再现生活中的美,有联想、想象的生活场景,有生活味	了解相关文化,有一定的积累和体验

续表

层级	语言	思维	审美	文化
卓越层	妙用修辞,巧用语言,凸显创意和个性	构思独特,布局有新意	有创意地彰显生活中的真善美,选材新颖,有哲理、有思考、有情味	能够对相关文化有独到的认知和个性化的解读

由上表可知:从写得"有意思"到"有意义"再到"有创意",这是一个"拾级而上"的过程,学生习作的"入格"、"出格"到"别具一格"彰显的是创意的思维、精湛的写作、丰厚的语文素养。

从"创意表达"开始,培养学生的"创新思维"和"创造精神"才是"初中创意写作课程"的不懈追求。

趣谈写作指导的起点和路径
——以"学会景物描写"写作指导为例

我所观察到的初中写作教学,或者讲授写作知识,或者设计阅读活动,或者展示学生佳作,或者训练应试套路,基本上脱离学生现有的写作水平而追求写作知识传授的体系化。一堂课下来,学生的写作水平鲜有提高,学生的写作状态鲜有改变。根据最近发展期理论,我认为,写作指导应在把握学生现有的写作水平基础上,确定教学的起点;依据学生可能提升的空间,选择课堂训练的内容;创设情境,引导学生进行真实写作,从而促进学生写作水平的发展。简言之,一节课结束,学生的写作水平和写作状态要发生积极的改变。

一、学情检测,准确把握学生的写作水平

如何了解初中学生的现有写作水平,确定课堂教学的起点?我梳理了检索到的相关文献,大致有两种:一是查阅小学教材的写作安排,如江苏海门实验学校初中部秦春芳老师提出"我们必须弄清楚一个问题,就是小学阶段记叙文到底在教什么"[①];二是问卷调查。然而,常识告诉我们,教师的教是一回事,学生的学是另一回事,教材安排的教学内容与教学要求并不一定能转化成学生的写作水平。而问卷的设计通常也是基于经验的判断,其结论对改进作文教学具有一定的意义,但对具体一节课的设计则没有多大的参考价值。

我认为,要准确把握学生写作的现有水平,比较可靠的做法则是学情检测。统编版《语文》教材八年级上第三单元,在学习了写景古诗文之后,安排了"学会

---

① 秦春芳:《初中记叙文写作教学的起点与逻辑》,《中学语文》2018年第24期。

景物描写"的写作指导。我在实施课堂教学前,让学生观看一段教师自拍的风景视频,并描写视频中的景物。通过分析学生的习作文本,我发现学生在景物描写中存在以下缺陷:(1)景物名称不准确,不具体(人均0.7处),如把池塘写成小河、小湖,把花草树木写成植物、植被;(2)描写顺序不合理(人均0.7篇),如先写池塘水面,接着写疾驰的火车,再写池塘周围的花草;(3)景物描写不合实际(人均1.75处),如"吹来一阵风,平静的水面变得波澜起伏",实际上水面只有涟漪;(4)语言干瘪、不生动(全班只有1句写得生动),如"池塘的岸边有许多大树"。这样的分析就准确地把握了学生景物描写的写作现状。

二、对症下药,精心选择写作指导的内容

景物描写,需要指导的内容非常丰富。四川省特级教师陈胜全老师在"景物描写"课堂教学里安排了8项内容:观察景物的方法,景物描写的内容(形状、颜色、质地、声响、味道,景物的变化和此景与彼景的不同点),景物描写的顺序,景物描写的语言,动静结合的写法,点面结合的手法,写景抒情、寓情于景的技巧,景物描写的拓展与深化。[①] 显然,一节课这么大容量,学生恐怕难以全部吸收。况且,写作技能是需要反复训练才能内化的,训练是需要时间保证的。

学生在七年级上已学过《春》《济南的冬天》《雨的四季》等写景课文,《散步》《从百草园到三味书屋》《土地的誓言》《驿路梨花》《紫藤萝瀑布》等课文中也有很多优美的写景片段,学生对写景的顺序和方法已经有了一定的了解。教材对学习景物描写提供了相关的知识,也提出了具体的要求。但教材里的写作指导内容以陈述性知识为主,学生需要的是程序性知识,还需要校本化设计。

苏联心理学家维果茨基提出:教学应着眼于学生的最近发展区,为学生提供带有难度的内容,调动学生的积极性,发挥其潜能,超越其最近发展区而达到下一发展阶段的水平,然后在此基础上进行下一个发展区的发展。[②] 对于写作教学而言,最近发展期就是写作水平的提升空间,我们在把握了学生现有写作水平

[①] 陈胜全:《"景物描写"课堂实录》,《语文教学通讯(B刊)》2007年第7—8期。
[②] 瑞内·范德维尔:《利维·维果斯基》,郭冰译,哈尔滨:黑龙江教育出版社,2017年,第69—92页。

之后,还要明确通过课堂训练学生的写作水平还可以发展到什么层次。具体在选择"学会景物描写"的教学内容时,需要考虑两个问题:关于景物描写的知识,哪些是学生缺乏的?关于景物描写的技能,哪些是通过课堂训练能够得到提升的?因此,在学情检测的基础上,依据教材安排,我选择了三项写作指导的内容:合理安排景物描写的顺序;准确描写景物;有意识地锤炼词语、适当运用修辞手法和表现方法,形象生动地表现景物的特点。

三、创设情境,合理设计写作训练的活动

我在知网输入关键词"景物描写",检索到2006—2017年的课堂实录、教学设计和教学案例共8篇,只有2节课例为学生设置了写作的情境,其余6节课例写作活动全靠学生的回忆和想象。根据我的观察,学生依靠想象写出来的景物基本上是概念化的,让他们描写真实的景物,又不知从何下手。实践证明,学生只有在真实的场景中进行写作训练,才能切实提高写作水平。当然,限于教学时间,组织学生实景观察、进行写作训练确实不经济。我在写作教学研究中,总结出七种体验活动,使学生获得写作内容:影视图片体验、主题班会体验、课堂观察体验、课外游戏体验、心育活动体验、家庭活动体验、社会实践体验等。在"学习景物描写"写作训练中,提供影视图片,我觉得是最经济的情境设置。

如何引导学生探究"景物描写"的技巧?常规的做法是范文引路。如特级教师董一菲老师在"品文段"环节提供了5则名家名篇的精彩写景片段(共1190字),在"析手法"环节提供了2则材料(共401字,其中一则是柳永的《雨霖铃》)。[①] 学生在阅读范文的基础上定向归纳,从而对景物描写的技巧产生具体的感受。这种方式,固然时间省、效率高,却陷入了重大误区:把写作课上成阅读课,把技巧认知当成能力培养。对于写作方法、写作技巧的探究性学习而言,我认为开放性程度不宜太高,只能设计成"部分探究性学习",也就是说,由老师给出部分问题、提供资料,指导学生进行"接受式探究性学习"。写作教学中为了节约时间成本、减少学生的阅读时间、降低学生的阅读难度,我提供的探究资料,往

---

① 董一菲:《"写景要抓住特征"简案》,《语文教学通讯(A刊)》2009年第7—8期。

往是教材里学过的课文,或者是范文摘要,或者是范文片段,或者是范文语句。在"学习景物描写"写作训练中,我呈现给学生的是习作中出现的景物名称和描写景物的句子。

这节课,我设计了四个活动:观看视频(来自本人拍摄,适用于定点观察,在学情检测中使用过)、阅读材料(从学生习作中罗列出来的景物名称、从学生习作中摘抄的写景顺序、从学生习作中摘抄的有问题写景语句、从学生习作及课文中摘录的精美写景语句)、再次观看视频(来自影视剪辑,适用于动点观察)、课堂写作与分享。前两个活动,是在提供真实情境的基础上,引导学生通过判断、比较、归纳、推理等探究性学习方式,体悟写作方法;后两个活动,又是在提供真实情境的基础上,引导学生运用写作技巧,把写作经验内化为写作技能。节选一段课堂实录如下。

投影:

> 对池塘的描写
> ➤ 吹来一阵风,平静的水面变得波澜起伏。水中,天空的影子若隐若现。(郑子平)
> ➤ 宽广的水面像是一面明镜,在阳光下波光粼粼。(杨景飒)

师:咱们来看看,这两句有什么毛病?

生1:我认为第一句中的"波澜起伏"与实际不符,我看到的是波纹、涟漪。"若隐若现"写的是朦胧的状态,视频中的画面不是这样的。第二句也有两处不太准确,水面并不宽广,"波光粼粼"与"明镜"是冲突的。

师:(重播视频,定格水面)我们一起再次把这幅画面转化为文字,该怎么说?

生2:一阵微风掠过,水面荡起层层涟漪,蓝天白云的影子在水面上浮动着。

师:(板书生2的发言内容)"浮动"用词非常准确,生动地表现了蓝天、白云在水面上的动态。不过,在一句话里面,描述的对象最好要保持一致,老师建议对第三个分句做点改动(板书:浮动着蓝天白云的影子)。大家读一读,看是不是更顺一些(板书:描写景物要准确表现景物的特点)。

师:郑子平同学能不能说明一下,你为什么要用"波澜起伏""若隐若现"?

生3(郑子平同学):我观察得不够细致,凭想象写的。

师:想象是需要的,可以丰富写作的内容,但要以真实的画面为基础。你写的是概念化的水面和影子。大家对照自己的习作,看有没有这两种句子,如果有,就自己修改。

这个环节提供的探究材料来自习作,两个例句都没有准确描写视频中的景物,问题是真实存在的,又具有代表性。通过课堂讨论,学生找出毛病的根源,找出矫正的方法,并能自主修改。

这节课,学生参与度比较高,兴致比较浓,注意力比较集中,所有的活动指向写作训练。学生经历了写作过程,体悟出写作方法和技巧,从而获得写作经验和写作技能,后续写作中达到要求的习作占65%,大部分学生获得了发展,远远超过传统的写作指导的效果。

叶澜教授在评价一堂有意义的课时指出:"他会越来越主动地投入到学习中间去。"[1]叶先生强调学生在课堂中的变化正是我所关注的写作能力的提升。实践证明,写作教学中,通过学情检测把握精准指导的起点,对症下药明确精准指导的方向,创设情境铺设精准指导的路径,就能使学生主动投入到写作中,从而营造出有意义的课堂。

---

[1] 叶澜:《如何评课——叶澜教授的好课五标准》,《厦门晚报》2005年12月16日。

基于体验活动的作文教学策略探究

体验式作文教学是通过设计一系列的写作活动,激发写作兴趣,生成写作内容,感受写作过程,体验写作经历,感悟写作规律,获得写作经验和技能的教学策略。

我们认为学生的生活虽然有点单调,但他们的生命体验是复杂的、丰富的(也许是隐秘的、肤浅的),我们通过适当途径和方法,完全有可能唤醒学生的生命体验、强化学生的生命体验、提升学生的生命体验,从而激发学生表达生命体验的愿望,引导学生把写作当作生命存在的一种方式。

基于这个认识,我们研制了体验式作文教学设计,以课例研修的形式进行打磨,不断完善,积累了近30节课堂教学课例。在此基础上,我们总结了设计体验活动的策略。

1. 影视图片体验

如"景物观察指导",我们设计了5个观察活动。

(1) 变换角度观察——平视,仰观,俯察。

(2) 变换时间观察——晨昏,四季,阴晴。

(3) 定点观察——远眺,近看。

(4) 动点观察——移步换景。

(5) 运用多种感官——视觉、听觉、嗅觉、触觉、味觉等。

前四个观察活动,我们分别配以图片或视频,引导学生说出观察到的景物,再归纳观察的方法。学生不但直观地感受到自然之美,而且从感性到理性建构了观察的方法。课件中使用的图片或视频,来自学生拍摄、教师拍摄、网络下载、影视剪辑。我们发现,学生拍摄的最受欢迎,容易调动情绪。

2. 校内活动体验

包括主题班会、课堂活动、课外活动。

主题班会如"生命的价值",我们安排了四个活动。

(1) 观察黄山的野花和迎客松、蜘蛛和狮子、清洁工和姚明,比较不同生命的价值。

(2) 观察"石缝间的小树"组图,感受弱小生命的价值。

(3) 观看《阿甘正传》影视剪辑,感受智障者生命的价值。

(4) 游戏"背后留言",体验自己生命的价值。

活动结束,布置作文:给学校广播站写一篇新闻,报道这次主题班会,可以是消息,可以是新闻特写,也可以是通讯;或者以"亲,给我一个赞"为题,写一篇记叙文,记录自己在这次主题班会上的独特发现。这节主题班会,给了学生深刻的生命体验:每一个生命都是有价值的,无论他高大还是矮小,无论他高贵还是卑微,无论他饱受赞誉还是无人理睬。正因为有他的存在,我们的世界才丰富多彩。因为有了真切的体验,有了丰富的内容,所以学生们跃跃欲试。

课堂活动如"鸡蛋里有骨头吗",我们设计了五个活动。

(1) 判断:鸡蛋里有骨头吗?鸡蛋里真的有骨头吗?鸡蛋里到底有没有骨头?

(2) 验证:让学生上台打开鸡蛋。

(3) 判断:鸡蛋里有骨头吗?鸡蛋里真的没有骨头吗?鸡蛋里到底有没有骨头?

(4) 验证:让学生上台打开鸡蛋(活珠子)。

(5) 联想:从鸡蛋到小鸡的过程,能给我们哪些启示?

前两个活动用于指导心理描写,后两个活动用于指导神态描写。课后布置作文,要求:有完整过程,用上多种心理描写和神态描写的方法,有深刻感悟。学生的心理活动是真实发生的,同学的神态也是自然表现的,而从鸡蛋到小鸡的过程给人的感悟也是多向的,且可以是深刻的。课后调查显示,有96%的学生需要从课堂中学习写作技巧,有88%的学生希望老师在课堂中讲评自己的习作,有 98% 的学生觉得上得有意思,有 96% 的学生确定这节课对提高作文水平有帮助,有 78% 的学生愿意课后按照老师的要求写作。

课外活动如"集体怀孕",要求学生带一枚生鸡蛋,装在口袋里保管一个星期,每天写一篇随笔,记录保管鸡蛋过程中的情况,活动结束后自拟题目,写一篇完整的作文。五天下来,学生深切地感受到保管鸡蛋的不易,体会到母亲怀孕的艰辛,从而深化了对母亲的感恩之心。五天当中发生了各种意想不到的趣事,学生的作文也就能够写得妙趣横生。

3. 家庭活动体验

如"追踪爸爸或妈妈的一天",完整地记录妈妈或爸爸一天的活动,以"时间都去哪儿了"为题写一篇作文。学生无法完整了解父母生命的轨迹,但细致观察父母生命的切片是完全可以做到的,看到父母一天的劳碌,学生感悟到:爸爸妈妈的时间,都化成浓浓的亲情,流逝到琐碎的家庭事务中了;爸爸妈妈的时间,都化成浓浓的爱,流逝到我们的生命里了。活动很简单,学生获得的材料却很丰富,写起来便得心应手了。

4. 社会活动体验

如"寻找笑容",要求学生周末走出家门,拍摄 50 张陌生人的脸,然后按表情分类。活动看似简单,但能拍到一张陌生人的脸却很不容易,于是各使高招,其中少不了要与人沟通,取得信任和配合。活动本身就是真实场景的语文运用,也丰富了生命体验,给照片分类又是一种思维训练。学生作文的内容则是五彩纷呈,有的选择几个不同类型的笑容展开描写,有的围绕寻找笑容的过程进行记述,有的针对寻找笑容的结果发表议论。

5. 心育活动体验

让心理实验和心育活动与作文教学联姻,就是非常经济的体验式作文课堂。如"风雨同行"游戏,按 7 人一组分组,规定有 2 个"盲人"、2 个"无脚人"、2 个"无手人"、1 个"哑巴"。先小组讨论角色分配,再按照规则比赛。游戏过程中,学生体验了同伴合作中的信任和默契,感受到的情感张力也非常强烈,激发出来的写作欲望也不在话下。

我们设计的这些活动有的是为了唤起学生写作的欲望,有的是帮学生发现和生成写作的内容。然而，体验式作文教学的终极目的是让学生感悟写作的方法和技巧。我们观察到的大量的作文课堂教学，要求学生运用预设的方法进行写作训练（作文是为了运用方法，而不是为了作文运用方法），我们觉得是非常滑稽。我们认为，作文教学应该根据学生表达生命体验的需要，适当"提供"可操作的写作方法。学生对写作规律的把握、写作经验的积累，更多的是在大量写作体验的基础上有意识地形成的。因此，我们主张通过作文讲评、指导学生升格训练（二次写作）提升学生的作文能力。

学生初始作文不可避免存在各种各样的问题，如铺叙过多、平铺直叙、中心不明、重点不突出，等等，我们经过梳理，找出共性问题，作为指导升格的重点。经过反复实践，我们总结了作文讲评课堂教学的基本模式：

现场回放——过程回顾——优秀习作（精彩片段）展示——升格方法指导——课堂反馈训练——交流点评

以"蚯蚓爬进课堂"讲评为例。我们梳理学生的初始作文后，发现普遍存在两个问题：一是叙述不连贯，如"今天是教师节，老师给我们带来12条蚯蚓作回赠的礼物，说是给我们练习观察。它是土黄色的，大约长达17厘米，带着一股土腥味，它一伸一缩地爬动着，差不多每2毫米一个圈，像呼啦圈一般"；二是没有围绕中心剪裁，重点不突出。显然，一堂课不能解决两个问题；用两节课分别解决，经过尝试，学生嫌烦。我们经过权衡，确定重点指导纠正第二个毛病。教学流程如下。

（1）回顾课堂活动环节

提问：上次老师给我们上了一节"蚯蚓爬进了课堂"观察指导课，你们还记得这节课有哪几个环节吗？

（2）复习"蚯蚓爬进了课堂"学习内容

提问：这节课里，在写作方面，你们学到了什么呢？

解说：这些观察方法，不仅适用于观察蚯蚓，也适用于观察其他动物和植物。

（3）引导学生感悟

提问：在这节课的学习过程中，你有哪些感悟呢？

解说：感悟1是从蚯蚓的角度生发出来的，感悟2是从同学的角度生发出来的,感悟 3 是从老师的角度生发出来的。一篇作文只能有一个中心,或者围绕蚯蚓来写,或者围绕同学们来写,或者围绕何老师来写。然而,从你们写出来的作文看,大部分同学没有围绕中心来写。这节课,我们就来一起探讨如何突出中心。

(4) 引导学生探究"围绕中心确定详略"

提问:如果我们以蚯蚓为中心,你们认为哪些环节应该作为重点详细描述?

提问:如果我们以同学们为中心,你们认为哪些环节应该作为重点详细描述?

提问:如果我们以何老师为中心,你们认为哪些环节应该作为重点详细描述?

(5) 引导学生探究"突出中心"的技巧

提问:下面的片段用了哪些技巧来突出中心的?(选自学生初始作文中的精彩片段)

板书:前呼后应、铺垫渲染、抑扬对比。

(6) 课堂总结

今天,我们一起探讨了作文过程中突出中心的方法和技巧,这些方法和技巧,适用于写所有的记叙文。如果写其他的命题作文,还必须围绕题意选择材料。

(7) 布置作文

下一节课,大家用这节课学到的方法和技巧,把"蚯蚓爬进了课堂"重写一遍,做到中心突出。

习作的毛病往往是学生在写作过程中存在的困惑。我们选定的教学内容,也正是学生在写作中需要学会的方法和技巧。这些方法和技巧,不是简单地传授,而是引导学生体悟,从而获得写作经验。实证研究表明,这节体验式升格指导教学是有效的,达到要求的习作占 83%。从后续习作来看,72%的学生能够掌握这堂课学到的方法和技巧。

纵观我们的近 30 节课例,都遵循了体验式作文教学的基本要求:活动设计必须指向学生的自我体验,要引导学生反复体验,使经验显性化,使体验丰富化、情绪化，让体验有一种强度和力度。体验活动要指向学生"写"的行为，同时，写作体验活动要符合学生的心理特点，促进学生人格的健康发展。

　　体验式作文教学，既是一种引导学生丰富生命体验、表达生命体验的教学策略，又是一种充分重视学生的主体性和教师的主体性的作文教学观，还是一种促进师生共同发展的教学方法论。然而，我们意识到在体验式作文教学理论上的探索还是很浅显的，今后将进一步针对部编语文教材里的作文教学内容进行体验式作文教学设计，并开展实证研究，为理论研究提供实例支撑。

[创意写作课例]

鸡蛋里有骨头吗？

【引言】

1. 教材分析

统编初中语文教材作文体系共安排了三次写人训练，分别是：七年级上第3单元"写人要抓住特点"、七年级下第1单元"写出人物的精神"、七年级下第3单元"抓住细节"，其具体要求呈现由浅入深、由易到难的特点："写人要抓住特点"侧重人物的外貌描写，写作要素强调"描写外貌，可写人物的五官、头发与胡须，也可写脸色、神情，尤其是眼睛"；"写出人物的精神"注重人物的"内在"，"通过描写，穷形尽相，尽显人物之形；还可以以形写神，使人物之神跃然纸上"；"抓住细节"则要求注意"典型"，贵在精而不在多，要善于抓住最能反映人物性格特征的细节来写。

2. 学情分析

七年级学生普遍对人物的心理描写方法单一，皆为"内心独白"；神态描写较为单薄，呈现的往往是概括性词语，如"愤怒""喜悦"等。

3. 构建真实情境，创设典型任务

依据单元写人的目标，结合具体的要求，我们确定了以"鸡蛋里有骨头吗？"为单元学习主题，创设如下的任务情境，建构单元写作任务群。

"活珠子"又叫"凤凰蛋"，是经传统孵化发育而成的鸡胚胎，当鸡蛋即将孵成一个生命但是又没有完全成形，蛋里面已经有了头、翅膀、脚的痕迹，这种亦鸡亦蛋的鸡蛋孵化物叫作"活珠子"。"活珠子"是南京特产，以味道鲜美著称，很多人都爱吃。活珠子的制作过程十分简单，只要将健康的鸡蛋孵化12天左右，就形成健康、有生命的"活珠子"。

执教七年级下第三单元"抓住细节"写作课,运用"人物写作工坊",取得了比较理想的效果。

【课例描述】

一、设计"识蛋"体验活动,观察"细节"

【教学片段一】

师:每天一枚鸡蛋,给你带来"从头到脚"的健康。请问:鸡蛋里有骨头吗?

(学生叽叽咕咕,有的瞪大眼睛望着老师)

生1:俗话说,鸡蛋里面挑骨头,就是讲有意找茬。老师,您这是什么问题啊?

生2:我天天吃鸡蛋,从没吃过有骨头的鸡蛋!

(有学生小声嘀咕"活珠子里面有骨头",教师不予理会)

师:鸡蛋里真的有骨头吗?

(学生迟疑,沉默)

师:(提高嗓音)鸡蛋里到底有没有骨头?

生3:我在酒席上吃过活珠子(注:孵化出胚胎的鸡蛋),里面有骨头。

师:请你上台打开鸡蛋,验证一下。请大家睁大眼睛,见证这个神奇的时刻。

(学生3上台打开一枚鸡蛋,倒进玻璃杯里)

生3:(尴尬)只有蛋清和蛋黄,没有骨头。

师:好,谢谢你上台验证,请回座位。(面对全班学生)老师发问时,自己是怎么想的?老师追问时,自己是怎么想的?老师再次追问时,自己是怎么想的?同学打开鸡蛋后,又是怎么想的?写一段话,真实地描写出自己刚才的心理活动。

二、展示学生习作,生成"细节"

【教学片段二】

师:请各小组分别推荐一份最优秀的习作,与全班分享。

(投影习作1)

> 单奕天终于有了露脸的机会,笑得合不拢嘴,头一伸一缩地下了座位,身子一摇一晃地走上讲台,一把夺过鸡蛋。我们疑虑的目光集中在这个怪蛋上,一个个都瞪大了眼睛。(於子航)

师:於子航同学写的是单奕天上台的过程。请找出这个片段中描写神态的句子。(根据学生发言,圈出"嘴""头""身子""眼睛")

师:这个片段中,通过刻画哪些部位的变化来描写神态的?

生4:嘴、头、身子、眼睛等。

师:我们来提炼一下,一个是脸部的细微变化,一个是肢体的细微变化。

(投影习作2)

> 单奕天同学一只手小心翼翼地扶着杯子,另一只手拿着鸡蛋,对着杯口轻轻磕,可能是没有经验,一次,二次,鸡蛋似乎还是没有完全磕开,看上去他手还有点在颤抖,感觉有点紧张不安,脸色通红,汗水直接从他脑门上顺着脸颊往下流。(江婷玉)

(投影习作3)

> 单奕天瞪大眼睛凑近看了看,疑惑地用另一只手捏开,微皱的眉头舒展开来,仿佛拨开云雾见青天。"活珠子!"在我身后的端赵锁大喊起来。(林雨涵)

师:咱们一起探究探究,这两个片段分别从哪些部位的细微变化来描写神态的?

生5:江婷玉写的是单奕天打开鸡蛋的过程。这个片段依次从手、脸色、汗水等方面描写了单奕天的神态,分别是肢体的细微变化、脸部的细微变化、生理的细微变化。

师:你先是找出具体细节,再做提炼,非常准确,层次也非常清晰。

生6:林雨涵写的是单奕天打开鸡蛋后的神态。这个片段依次抓住了眼睛、手、眉头等细节进行刻画，分别是脸部的细微变化和肢体的细微变化。

师：哦，你对林雨涵同学写作技巧的探究，也很深入。咱们来一起总结一下，描写人物的神态，依次可以从哪些方面下手？

生（众）：脸部的细微变化，肢体的细微变化，生理的细微变化。（教师板书）

三、激发思维，体悟"细节"

【教学片段三】

师：咱们训练了心理描写和神态描写，也体悟了一些写作技巧，但是还没有完。这节课能给我们很多学习方面和人生方面的启迪。那么你产生了什么感悟？

生7：我第一次觉得没有骨头，但有人说有骨头，我就动摇了。所以，要坚持自己的判断，不能人云亦云。

师：你的感悟很有价值！但自己的判断就是真相吗？（学生摇头）我建议改为"坚持独立思考"，另外，在没有充分掌握信息的情况下，不要急着下结论。

生8：有骨头的鸡蛋和没有骨头的鸡蛋，表面上区别不出来，只有打开才可以。所以，要认识事物的本质，不能只看表面，还要深入内部了解。

师：在不破坏鸡蛋的前提下，如何辨别鸡蛋有没有骨头呢？

生8：用透视技术。

师：这当然很精确。还有两种简易的方法，一是放在温水里面看鸡蛋是否晃动，二是放在灯光前面看鸡蛋是否有阴影。所以啊，要了解事物内部真相，还需要选择适合的工具。

生9：鸡蛋在一定的温度、湿度和时间里，会孵化出小鸡。所以环境会影响人的成长。

生10：不是所有的鸡蛋都能孵出小鸡，只有受精的鸡蛋才可以，还要没给蚊子叮咬过。由此，我受到的启发是，内在条件是发展变化的根本因素，联想到自己，主观愿望是我们成长的根本动力。

师：你俩的感悟很深刻，已经上升到哲学的高度了。课后，请大家以"鸡蛋里有骨头吗"为题，写一篇作文，记述这堂课的学习过程，要有细节描写和深刻感悟。

【课例反思】

"创意写作"是指以"创意"为核心,以写作为样式,以作品为最终结果的一切创造性活动,更多强调的是"学生在写作中表现出来的创新思维"[1]。

一、观察"细节"

目的是"通过设计一系列的活动设计,创设任务情境,激发写作兴趣,生成写作内容,感受写作过程,体验活动经历,感悟写作规律,获得写作经验和技能"[2]。

1. 有话可写

学生怕写作文的原因之一,是无话可写,也就是写作"所需的认知资源超过认知主体所具备的认知资源总量,则引起认知主体资源匮乏"[3],导致认知超载。这个环节设计的活动,意在使学生真实地形成心理变化的体验,从而生成心理描写的写作内容。

2. 有话会写

从学生课堂小练笔来看,学生运用心理描写的技巧趋于单一,皆为"内心独白"。相关研究表明,"合适的'工作样例'策略与时间节省、认知资源节省等密切相关",因而"教师应集中于如何设计有效的样例,使之更符合学生的学习规律,从而提高学生的迁移和问题解决技能"[4],因此有必要提供"学习支架"。这个环节,我提供的"学习支架"是教师习文。如心理描写中的幻觉:

老师一声大喝:"鸡蛋里到底有没有骨头啊?"我好像听见一声雷鸣,又好像看见老师眼里急切的目光向我刺来,内心惶恐极了,一种莫名的恐惧从脚底涌起,直流向全身。

3. 学生的表现性评价

从话语分析的角度看,问题中的"鸡蛋"既可以指所有的鸡蛋,又可以指特定

---

[1] 荣维东:《作文教学:写作体验课怎么教》,《中学语文教学》2010年第10期。
[2] 邓彤:《微型化写作课程研究》,上海:上海师范大学硕士学位论文,2014年。
[3] 朱晓斌:《写作教学心理学》,杭州:浙江大学出版社,2007年。
[4] 黄厚江:《作文教学,我们教什么》,《中学语文教学》2010年第11期。

的鸡蛋群体或个体,完全由接受者基于自身已有经验来确定,该问题没有唯一的答案,但这不重要,重要的是学生的心理反应,这个活动主要"解决学生写作中存在的问题和障碍"。所以,我并不在"有没有骨头"上纠缠。

从学生的课堂表现来看,"鸡蛋里有骨头吗"这个提问以及两次追问,违背学生的习惯认知,学生产生了复杂的心理反应,为课堂写作提供了丰富的素材资源。

二、揣摩"细节"

这个环节是在观察"识蛋"细节的基础上,体验细节过程,引导学生探究"细节"生成的写作技巧,促进学生从自发到自觉的语言运用转换。其价值在于"激活学生自觉体验写作过程、反思写作过程的意识,共享写作体验的资源"[①],体悟写作规律。

1. 观察的"凝练"

建构主义认为学习是获取知识的过程,而知识不是通过教师传授得到,而是学习者在一定的情境,即社会文化背景下,借助其他人(包括教师和学习伙伴)的帮助,利用必要的学习资料,通过意义建构的方式而获得的。探究写作规律,教师的帮助不仅是提供必要的资源,还要提供探究的支架。我借用"草根研究"的方法,按照"具体—低层次抽象—高层次抽象"的路径,先引导学生提炼,再让学生自主提炼,完成知识的构建。

2. 学习支架的"适宜"

适宜学生语言表达的"细节",尽可能贴近学生。(1) 选自教材中的课文,学生容易消化吸收;(2) 选自同伴习作,学生更愿意接近,作为样例的作者也会获得成功体验,形成"顶峰经验";(3) 教师的下水文,针对性强,学生容易迁移。我在巡视中,发现学生习作有的很出色,就放弃了预设时从课文里选取的范例。课堂观察显示,学生很积极、很投入。

---

① 李海林:《言语教学论》,上海:上海教育出版社,2000 年。

三、体悟"细节"

创意表达首要在于"创意","创意"是来自自己的"心思","心思"是创造性思维的"内化",是学生个体"根据具体情境要求,选择合适的文本样式记录经历、见闻和体验,表达感受、知识和观点"。[①] 创造性思维不仅丰富了学生个体语言经验的积累,还助力个性化"语言风格"的形成,是学生发现自我、形成自我、表达自我的"思维风格"的显现。

1. 创造性思维是核心

新课标对思维能力的表述中指出:"思维能力是指学生在语文学习过程中的联想想象、分析比较、归纳判断等认知表现,主要包括直觉思维、形象思维、逻辑思维、辩证思维和创造思维。"五种思维类型中创造性思维最具综合性,语文课程"就其哲学实质来说,就是以言语为对象的人性智慧教育"[②]。这个环节的目的,是引领深度感悟,提升思维品质,训练学生的分析性思维和创造性思维,培养学生的分析、评判能力和发现、生成能力。学生分别从认知鸡蛋(认识论)的角度和鸡蛋变化(事物发展)的角度,展开思辨、联想和分析,形成自己的感悟。这些感悟,将会成为学生的人生智慧。

2. 思维训练的遗憾

分析后续写作的文本,学生表达感悟的文字,还存在一些毛病。(1)语言啰唆,语意模糊。如:"老师用两枚鸡蛋,把我耍得像猴似的。但从中也让我悟出了一个道理:生活中的很多事物,包括人,都具有欺骗性,都有不为人知的一面,不能只看外表,要认清本质,与人交往,要听其言观其行。事实上,你以为你以为的,不一定是你以为的。总而言之,多留个心眼,坦诚做事,坦诚做人,且行且珍惜吧!"(2)观点片面、不客观。如:"这次的活动让我明白了,只要坚持自己的观点,就无须怕对错。"这些现象提醒我们,语言训练和思维训练,任重而道远。

---

① 黄厚江:《作文教学,我们教什么》,《中学语文教学》2010年第11期。
② 李海林:《言语教学论》,上海:上海教育出版社,2000年,第223页。

【课后学生调查反馈】

"鸡蛋里有骨头吗"课后调查问卷统计饼图

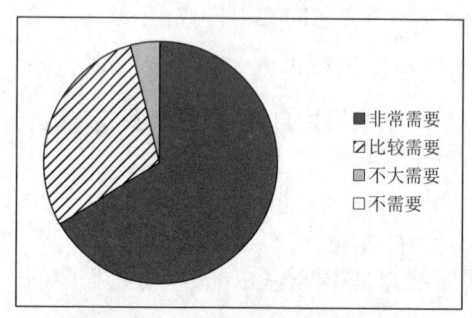

(1) 你需要从"鸡蛋里有骨头吗"中学到写作技巧吗?

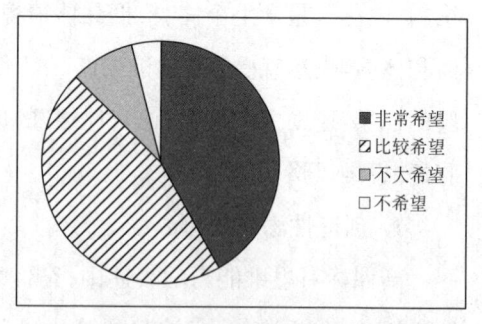

(2) 你希望在"鸡蛋里有骨头吗"课堂训练中老师评讲你的习作吗?

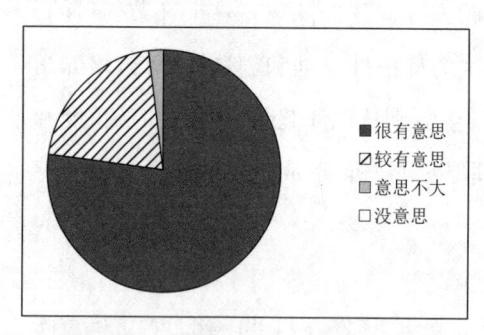

(3) 你觉得"鸡蛋里有骨头吗"上得有意思吗?

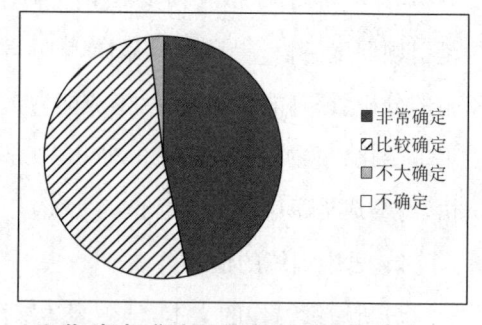

(4) 你确定"鸡蛋里有骨头吗"作文指导对你提高作文水平有帮助吗?

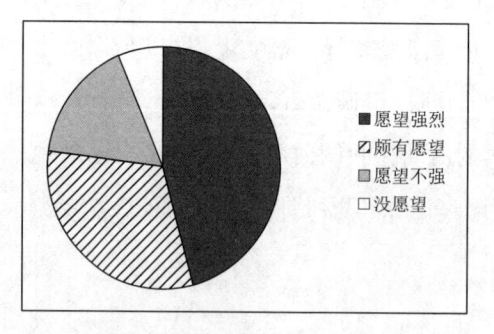

(5) 你愿意课后按照老师的要求写作吗?

课后调查显示,有 96％的学生需要从课堂中学习写作技巧,有 88％的学生希望老师在课堂中讲评自己的习作,有 98％的学生觉得上得有意思,有 96％的学生确定这节课对提高作文水平有帮助,有 78％的学生愿意课后按照老师的要求写作。

[创意写作课例]

观蚓记
——"全方位观察和动态观察"观察课教学设计

【学习目标】

1. 引导学生体验观察的过程,感知并掌握全方位观察和动态观察的方法。

2. 生成作文内容,学生能完整记叙本堂课的过程。

【教学过程】

1. 导入:今天老师给大家带来一份礼物,这份礼物不是用来吃的,也不是用来玩的,而是用来——练习观察的。

2. 分发"礼物"——蚯蚓。

3. 各小组观察蚯蚓。

4. 同学们各自写出观察结果。

5. 各小组推荐优秀作品全班交流,并进行评点。

6. 老师相机追问,并归纳观察方法。

全方位观察:

眼看——外形(样貌)、大小(长短、粗细)、颜色、运动状态等。

手摸——质地、质感等。

鼻闻——气味等。

嘴尝——滋味等(估计没有学生能想到或者不敢用嘴品尝,老师可以做示范,既可以加深印象,又能产生戏剧效果)。

动态观察:改变环境(添加泥土或清水)、改变形态(进行解剖)等。

7. 启发联想:蚯蚓没有锐利的爪牙,也没有坚硬的筋骨,却能够上食埃土、下饮清泉,它是靠什么做到的?联系我们的学习态度进行联想。

8. 布置作文:蚯蚓爬进了课堂。

观蚓记(课堂观察)

师:今天我给大家上堂课,老师给大家带来份礼物(出示礼盒)。这个礼物呢,不是用来吃的,不是用来玩的,也不是用来用的,而是用来练习观察的。

(学生以好奇的目光望着老师手中的礼盒,老师打开礼盒,拿出一条蚯蚓,有学生低声说"蚯蚓",有女生捂着嘴巴)害怕吗?(男生大声说"不怕——",有女生互相交换眼色)

师:我带来的不多,每个小组只能够有一条。

(学生表现得比较兴奋)

师:给你们观察10分钟,然后把观察到的内容写下来,再然后呢,我们选择几篇进行交流,好不好?

(分发蚯蚓,学生观察谈论,有的拨弄蚯蚓,有的拿出纸张放在蚯蚓下面。老师巡视,其中一个小组开始冷淡,但渐渐地都参与了)

师:差不多了吧,可以写了吧。

(学生"嗯",有的还余兴未尽)

师:下面我要收了啊,首先——(语速较快,含混不清,仍有嘈杂的声音)首先用发放的稿纸写,把观察到的写下来,具体写清楚,蚯蚓是什么样的(语速较快,含混不清)。

(学生动笔书写,个别学生发愣,1分钟后才下笔。老师巡视,勾画学生写下的句子)

师:这样啊,有的可能写不完了,课后你们自己回去写。写上名字好不好?写上你们自己的名字。等会儿,我要拿上来,请你们自己读。(收缴被勾画过的习作)

(教师随意地抽取了几个同学的。)

师:抽到的不是说写得最好的,没抽到的也并不是说写得比较差的,就这个意思,啊。请这几个同学上来交流一下。如果还想写的话,课后还可以写,好不好。先请杨尚文同学上来给大家读。他为什么,嗯——他是从哪些方面来写蚯蚓的?

生1:(朗读自己的习作)

师:哦,你们听到没有啊,关于蚯蚓,他写了哪些方面呢?"它身体盘起来了",这是写姿态,是吧?(板书:姿态)"它脑袋不停地伸缩",是它的——(学生:动作)动作(板书:动作)"呈'S'形",这是写它的——形状(板书:形状)姿态和形状有点相似,是吧。(有学生点头)静的形状叫形状,摆出来的样子叫姿态。那么,我们再看看,"杨尚文(语速过快,话音不清)抬起来了",是它的动作。这是——通过他的眼睛来看,是吧。(板书:眼看)通过眼睛来看,看到蚯蚓的动作、姿态、形状。我们再请朱文静同学来读一下。(学生开心地走上讲台)

生2:(朗读自己的作品)(声音较低,有学生低声交谈)

师:它头部一会儿大一会儿小,你佩服它?(有学生觉得好笑)它会变,会变大变小,它自己会变。读完啦?

生2:读完了。

师:哦,后面还没有写完。她主要写了什么呢?主要写了它的变化,头部的变化,变大变小。(板书:身体的变化)身体的变化,也是眼睛看的。我们还是写它的变化,一会儿大一会儿小。还是眼睛看,她也写了姿态了。不过呢,她比万籽叶同学还多了一条。万籽叶同学只是眼睛看,她呢,还用手去触碰它,是不是啊。(板书:手摸)用手去触碰它。干预时的蚯蚓呢,不动(?语音不清)。自然状态下,它是不动的,干预下,会动。下一位同学。

生3:(朗读自己的观察记录)蚯蚓蜷曲着,缩成一团,它仿佛对陌生环境不适应,仿佛有许多双眼睛盯着它呢。我们轻轻碰了它一下,它本能地向后一缩,爬得极快,这种速度持续不了多久,它爬下纸后光滑的桌面上,它爬得慢极了。

师:首先,写"蚯蚓蜷曲着",实写它的姿态,"缩成一团",也是写它的姿态的,是吧。是眼睛看。"它仿佛对陌生环境不适应",这是作者自己的——推测,是吧,是不是蚯蚓真实的状态啊,不是,是推测的。后边还有,把自己的感情投射到蚯蚓的身上。蚯蚓呢,"有许多双眼睛盯着它呢",蚯蚓能感觉到有许多双眼睛盯着它吗?没感觉到,是吧。那么,蚯蚓会害羞吗?不是。那是作者把自己的感受投射到蚯蚓身上去了。这不是观察的,是作者想象的。然后"我们轻轻碰了它一下,它本能地向后一缩",这是写它的动作和姿态,还是眼睛看。同时用手去触碰它,(语音含混不清)但没有写出触碰到蚯蚓,蚯蚓是什么样子的。比如说,蚯蚓的黏液,没写出来,是吧。"爬得极快,这种速度持续不了多久,它爬下纸后光滑的桌面上,它爬得慢极了",这是写它动作的变化,这些都是用眼睛去看。这也是靠观察。那么我们来看朱雨彤写的。

生4:(朗读自己的观察记录)蚯蚓又黑又黄,它的尾部呢黄黄的,还有点青色,颜色带点毛,是刚毛? 它的头部有一小道黄丝,粗粗的,头部比其他部位小一点,它一头一尾都可以蠕动。

(一学生脱口说一句:"怎么分清哪个是头部哪个是尾部啊?你说一下。"被指定的学生迟疑了一下,说:"敏感的那一头呢,就是头,反应不敏感的那一头呢,就是尾,是这样判断出来的吗?")

师:它头部一会儿大一会儿小,你佩服它?(有学生觉得好笑)它会变,会变大变小,它自己会变。啊。他主要写了什么呢? 主要写了它的变化,头部的变化,变大变小。(板书:身体的变化)身体的变化,啊。也是眼睛看的。我们还是写它的变化,一会儿大一会儿小。还是眼睛看,他也写了姿态了,啊。不过呢他比前面的同学还多了一条。朱雨彤同学只是眼睛看,他呢,还用手去触碰它,是不是啊,诶。(板书:手摸)用手去触碰它。干预时的蚯蚓呢,不动,自然状态下,它是不动的,干预下,会动。下一位同学。

生5:(朗读自己的观察记录)

蚯蚓它爬的时候还有长长的黏液。

师:你怎么知道这是黏液的呢?

(学生说"摸的")

师:哦,手摸的,触觉。用手摸来观察,很好,摸,摸它的痕迹,黏液,比其他同学多了一点吧。黏液,其他同学没有注意到,还有黏液,他注意到了,观察很细的啊。而且呢,他还做了什么呢?"拍打它",自然状态下,还用手去拍打它,看蚯蚓会发生什么样的变化。这种观察叫什么呢,我们讲啊,叫"动态观察"(板书:动态观察)。

哦,那是水迹吗?(部分学生说:黏液)那不是水。它分泌出来的不是水,可能有水的成分,它叫黏液。那么,这里有一个问题啊,他比前面几个同学的观察都细。那么"它的头部有个小吸盘",你们注意到了没有啊?(部分学生:注意到了)注意到了,没有写上。它的口,是吧,就相当于一个小吸盘。"它前进的时候,就用吸盘吸住地面,它身体就往前缩,就靠这个来移动,是吧。然后呢,头部呢再往前伸,再用吸盘吸住地面。"观察很仔细啊。吸盘,是它的形状的一部分,是它状态变化的一部分,同学写得也很细。

生6:(朗读自己的观察记录)

(朗读观察记录)你们注意啊,他比其他同学多了一种——(学生齐说:气味)气味!他不但用眼睛看,还用鼻子闻。(板书)用鼻子,嗅觉,气味。

师:我们可以总结一下。我们观察用到了三个器官,一个是眼睛看,主要的是眼睛看,看什么呢,我们把它归纳一下,可以观察它的什么呢,形状,第一是注意到形状,是吧。我们来整理一下(板书:)大小、颜色、动作,包括姿态,还有身体的变化,等等,都包含到这里来了。那么还有同学呢,用手摸一摸,它的黏液,它身体软软的,我看到有同学写"它软软的",这是摸出来的,是吧。还有同学呢,用了鼻子的嗅觉。其实,还有一个器官,你们没有用上。什么呢?

(学生:耳朵听一听)

师:耳朵听,听它的声音。当然啰,它的声音听不出来,是不是?这就是我们观察蚯蚓的方法。我们叫作全方位观察。从这几个角度去观察,眼看、鼻嗅、手摸和嘴尝。大家记住了吗?观察蚯蚓是这样,观察其他的事物呢,也是这样。今天作文的题目是"蚯蚓爬进了课堂"。我们就不仅是写蚯蚓了,大家回顾一下这堂课经历了几个过程。把过程写下来,当作一件事情来写。

学会剪裁
"观蚓记"讲评课设计

【学习目标】

学生能够围绕中心确定写作的重点。

学习时间：1课时

【教学过程】

一、总评习作的亮点和缺陷。

存在问题：只写蚯蚓，没有写"爬"；蚯蚓爬进了另外一个课堂；蚯蚓爬进课堂的过程不完整；重点不突出。

二、作文门诊。阅读习作《蚯蚓爬进了课堂》，提问：

1. 作者从哪些方面观察了蚯蚓？

2. 这篇习作叙述完整吗？

3. 这篇习作在材料的剪裁方面有什么缺陷？

三、过程回顾。根据学生发言板书（投影）：

1. 老师分发"礼物"——蚯蚓。

2. 同学们观察蚯蚓。

3. 同学们各自写出观察结果。

4. 老师组织交流，进行评点。

5. 老师归纳观察方法。

6. 老师启发联想。

四、感悟思考。提问：你在这一堂课中获得了什么感悟？（投影）

➢ 感悟1：蚯蚓没有锐利的爪牙，也没有坚硬的筋骨，却能够上食埃土、下

饮清泉,完全是靠它用心专一的品质和坚忍不拔的意志啊。我们如果也像蚯蚓一样,还有什么困难克服不了的呢?——从蚯蚓的角度

➢ 感悟2:同学们在观察蚯蚓的过程中,除了眼看、手摸和鼻子闻,还用嘴去"品尝",甚至想到了解剖和实验。在实践中,我们增长了智慧。——从同学们观察过程的角度

➢ 感悟3:我们轻松学习的背后,是老师煞费苦心的准备和示范呀。这节课让我深切体会到"敬业"里面厚重的内涵。——从老师教学的角度

五、练习剪裁。提问:根据"感悟1",应该确定哪些环节作为重点进行描述?根据"感悟2",应该确定哪些环节作为重点进行描述?根据"感悟3",应该确定哪些环节作为重点进行描述?(根据学生发言,依次投影剪裁示例1、剪裁示例2、剪裁示例3)

六、深入体验。

阅读汤心悦同学的《观蚓记》,思考:

1. 这篇习作的中心是什么?

2. 作者围绕中心,重点写了哪些材料?

七、布置作业。

修改自己的习作。要求:有深刻感悟,重点突出。

学会剪裁

——"观蚓记"讲评课学练案

【学习目标】

能够围绕中心确定写作的重点。

【学习过程】

一、阅读汤心悦同学的习作《观蚓记》，思考：

1. 作者从哪些方面观察了蚯蚓？
2. 这篇习作叙述完整吗？
3. 这篇习作在材料的剪裁方面有什么缺陷？

观蚓记

汤心悦

今天自习课，我与班上几个人一齐去听作文讲座。一进教室门，就见先到的一名男生座位上有条蚯蚓，不禁躲远了些。我本不怕蚯蚓，但带着蚯蚓听讲座，我着实有些反感。

我随意找了座位坐下，只见黑板上写着五个大字"全方位观察"，觉得好奇。疑惑之间，老师朝我走来，给了我一张作文纸，随之而来的还有一条活生生的大蚯蚓。这可让我惊破了胆。

想起那名男同学与黑板上的字，顿时恍然大悟，原来老师让我们观察蚯蚓啊。

我面前的这条蚯蚓在桌上爬来爬去。我不敢碰它，便找了根塑料棒挑弄它。这条蚯蚓身体上有环状纹路，生物上学过，蚯蚓是无脊椎动物中的环节动物，这外貌也确实是环节动物的典型了。蚯蚓在移动时，它会在体节的帮助下伸长身子，把那吸盘似的嘴巴固定在桌面上，再靠体节的帮助收缩身子，实在神奇。我将蚯蚓往亮处挑，它会掉转头寻找较暗的地方，连续几次都是如此。原来啊，蚯蚓避光，喜欢阴冷的地方。它好像也不爱待在宽敞的地方，净往狭小的地儿钻。它总是不停地移动，我用笔杆挡住它的去路，它又回头继续爬行，可见它是多么固执啊。

课堂进入了交流阶段，各位同学与大家分享了自己的观察结果，虽然不全面，但还是很精彩的。老师引导我们归纳了每个人所用到的观察方法，并作了总结，说："几乎没有一个人写出蚯蚓的滋味，大家忽视了一个最重要的方法——口尝。"话音未落，就把蚯蚓放进口中，这次我是惊破了胆，苍天呀，大地呀，老师疯啦？就不怕中毒吗？课后，我通过百度得知，"蚯蚓又称地龙，是可以吃的，有营养价值，虽金属含量高，但不足以使人重金属中毒"。但当时觉得老师真是"重口味"。

结束时，老师启发我们思考，说："蚯蚓没有锐利的爪牙，也没有坚硬的筋骨，但可以上食埃土，下饮清泉。它是怎么做到的？"我深思了许久，联系课堂上的观察，明白了，它总是不厌其烦地寻找属于自己的道路，并且坚持不懈、不畏艰险，这就是它微不足道却又令人震撼的原因啊。

二、写出"观蚓记"的主要环节。
▲

三、写出"观蚓记"的感悟思考。
▲

四、阅读郑好同学的习作《观蚓记》，思考：

1. 这篇习作的中心是什么？
2. 作者围绕中心，重点写了哪些材料？

观蚓记

郑　好

这节课，老师说给我们带来了礼物，每张桌子的两位同学能得到一个。

他打开盒子——竟然是蚯蚓！我当时就愣了，哪有把蚯蚓当作礼物的？不过，老师又说这个礼物是用来练习观察的，要大家写出观察结果。我一听，就头皮发麻。小时候经常挖蚯蚓钓虾子，还不怎么讨厌它，但长大了，一看到脏脏的蚯蚓就觉得恶心。看来，这节课对我是个挑战。

老师把蚯蚓发到我们桌上时，我下意识地侧过身子，但不得不打量着。面前的蚯蚓是土黄色的，大约有10厘米长，有筷子那么粗，身上每隔一小段有一个圈，躯干内部从头到尾有一条黑线，体表有黏液分泌出来。它一伸一缩地蠕动着前进。为了证实蚯蚓喜欢阴暗潮湿的环境这一习性，我让同座拿张纸浸在水里，然后盖在蚯蚓身上。果然，它就不再乱爬乱动了，安安静静地待在湿纸下面。我掉过头看看别的同学是怎样耍弄的,后面的同学突然叫起来:"你们的蚯蚓逃跑啦!"嘿,还真是的,竟然爬到我的椅子上了。我鼓起勇气,以迅雷不及掩耳之势拈起蚯蚓扔到桌上。即使只是一瞬间,还是感觉到滑滑的,软软的,凉凉的,浑身起了一层鸡皮疙瘩。

兴许是观察入了迷,花了太久时间,又或许是一直纠结先写大小还是先写长短,我迟迟下不了笔。勉强画了几个字,觉得条理混乱,又重新忙着构思。没在意,老师突然把我的稿纸收走了。是因为写得太烂了吧,是要撕了还是要扔了?我这样猜测着。没想到,老师是让同学上台朗读自己写的观察结果。才听了其他两位同学的片段,就觉得自己完了,内容跑偏了,字数也太少了,顿时张皇失措起来。看来只有现场发挥,上台时即兴添几句了。唉,我还是过于紧张,一上台就乱了套,想好的词句全忘了。

其实,蚯蚓并没有想象中的那么可怕,作文也没有想象中的那么难写,全是我们在臆想中把困难无限放大。真的经历了,体验了,就会觉得蚯蚓也好,作文也罢,不过如此。

观蚓记

话语分析报告

【主要流程】

1. 导入:今天老师给大家带来一份礼物。这份礼物不是用来吃的,也不是用来玩的,而是——用来练习观察的。

2. 分发蚯蚓。(注:以小组为单位,每个小组不超过4人,并进行角色分工,在合作学习时分别担任主持人、主讲人、记录人、发言人)

3. 各小组观察蚯蚓。

4. 同学们各自写出观察结果。(注:老师巡视指导,如发现写得好的句子,顺手用红色波浪线勾画下来。)

5. 全班交流。(注:用来交流作文的产生有两个途径——各小组内部交流评选,教师在巡视中发现推荐。)

6. 老师随机追问,根据学生所使用的观察方法进行提炼和归纳。

> 全方位观察
>
> 眼看——外形(样貌)、大小(长短、粗细)、颜色、运动状态等
>
> 手摸——质地、质感、冷热、干湿、软硬、轻重等
>
> 耳听——声音、声息等
>
> 鼻闻——气味、气息等
>
> 嘴尝——滋味等(注:如果学生没有想到或者不敢嘴尝,教师可做示范,既可以使学生加深印象,又能够产生戏剧效果。)
>
> 动态观察:改变环境(添加泥土或清水)、改变形态(进行解剖)等

7. 老师启发思考:蚯蚓没有锐利的爪牙,也没有坚硬的筋骨,却能够上食埃土、下饮清泉,它是靠什么做到的?结合自己的学习过程展开联想。

8. 布置作文:蚯蚓爬进了课堂。

【话语分析】

1. 教师话语占据绝对霸权地位

在这节课里,学生活动(含观察、写作、阅读材料)用时约22分钟,在剩余23分钟里,师生对话共3320音节。其中教师话语3298音节,占比99.2%;学生话语25音节,占比0.8%。显而易见,这里没有平等对话,只有教师话语霸权。请看下面一段教师的课堂话语。

首先,写"蚯蚓蜷曲着",实写它的姿态,"缩成一团",也是写它的姿态的,是吧。是眼睛看。"它仿佛对陌生环境不适应",这是作者自己的——推测,是吧,是不是蚯蚓真实的状态啊,不是,是推测的。后边还有,把自己的感情投射到蚯蚓的身上。蚯蚓呢,"有许多双眼睛盯着它呢",蚯蚓能感觉到有许多双眼睛盯着它吗?没感觉到,是吧。那么,蚯蚓会害羞吗?不是。那是作者把自己的感受投

射到蚯蚓身上去了。这不是观察的,是作者想象的。然后"我们轻轻碰了它一下,它本能地向后一缩",这是写它的动作和姿态,还是眼睛看。同时用手去触碰它,(语音含混不清)但没有写出触碰到蚯蚓,蚯蚓是什么样子的。比如说,蚯蚓的黏液,没写出来,是吧。"爬得极快,这种速度持续不了多久,它爬下纸后光滑的桌面上,它爬得慢极了",这是写它动作的变化,这些都是用眼睛去看。

这是针对一位学生观察记录的讲解。这位学生不但记录了观察到的客观事实,如蚯蚓的姿态和动作,还记录了推测、想象出来的主观判断,如蚯蚓的感受。写作中是否可以加入作者的推测和想象?这对学生来说,是一个新知,应该是师生通过平等对话,共同解决问题。然而,执教者用了 368 个音节,持续 1 分 50 秒,侃侃而谈,学生听得像雨像雾又像风。

2. 提问质量不高

从提问模式的角度分析,这节课中的提问,全部是由教师发起,又返回教师,并不是真正的课堂讨论。理想的课堂讨论是:教师首先发起讨论,一名学生提出讨论的线索,全班学生逐渐都参与到讨论,彼此发表自己的想法并仔细倾听别人的意见和观点,相互补充,相互修正。当讨论陷入僵局或走进歧途时,教师才给予修正或作一些引导性的介入。很遗憾,这样的讨论并没有发生。

从提问内容的角度分析,这节课一共提了 16 个问题,其中判断性问题 10 个,如:"身子是滑滑的长长的细细的","滑滑的"是写它的什么?你怎知道它滑滑的呢?概括性问题 4 个,如:关于蚯蚓,她写了哪些方面呢?辨析性问题 1 个,如:她写"它头部靠身体来蠕动",她用了"蠕动"这个词,你们有的同学是用"爬动"这个词,准确吗?你们看"蠕动"和"爬动"之间,哪个准确?无法回答的问题 1 个,如:"它一头一尾都可以蠕动",你们能说出哪头是头部,哪头是尾部呢?

判断性问题,没有引起学生的思考,只是调动了学生的阅读经验,而且只需用一个词或短语回答,既不能训练学生的思维,也不能训练学生的语言表达,也不能产生新知,充其量只是强化了对相关知识的记忆。而有助于丰富学生的思维方式、提高学生思维能力的描述性问题、论证性问题,这节课并没有出现。

3. 讲解随意啰唆

这节课,教师讲解 11 次,其中 2 次用于导入,9 次用于讲评学生的观察记录,共2082音节(不含14处因语速过快而无法转换成文字的音节),累计用时10分钟以上,占教师话语量的65%左右。复盘讲评的内容,教师不但随意而且啰唆。其实这些都可以由学生完成,教师只需引导和适当介入。请看下面一段教师的话语。

  哦,会摆动,是吧。哦,他说动得不一样,按住(语速过快,语音不清)就会摆动,按住(语速过快,语音不清)哪一头呢,就会动一动,不是摆动,是吧。由此判断一个是头,一个是尾。我知道了,他的判断是这样子的,敏感的那一头呢,就是头,反应不敏感的那一头呢,就是尾。是这样判断出来的吗?哦。他的判断是不是正确的呢?(语速过快,语音不清)是吧。到底哪个是头,哪个是尾,他是这样判定的。(语速过快,语音不清)

  这是针对学生记录蚯蚓动态文字的讲解。这节课本是观察训练课,教师的讲解应指向观察方法的总结和语言表达的评析,而这一处讲解却指向了蚯蚓的生理结构这一生物学知识,并且超越学生的认知经验,甚至连教师本人也辨认不清。这种讲解把学生变成了"容器",变成了可任由教师"灌输"的"存储器",学生只能接受、输入并存储知识(有可能还是模糊的知识),扼杀了学生的批判精神和创造力。

[创意写作课例]

"亲情测试"

【学习目标】

1. 学生能用文字记录自己情绪、情感的变化过程。
2. 感受"说真话,诉真情"文字的魅力。

【学习重点】

1. 引导学生逐一划去五个亲人朋友。
2. 引导学生评价同学记录的文字。

【学习难点】

激活学生内心珍惜亲人朋友的情感。

【学习时间】

1课时

【教学过程】

一、回忆五个亲近的人的音容笑貌

【引导语】请同学们把作文的稿纸拿出来,找到最干净的一页。这一页上没写过一个字,干干净净,清清爽爽。然后请你拿起笔,准备好。

1. 写出五个最爱的人的称呼或名字。

【引导语】请你在这张最干净最纯洁的纸上,写下这个世界上你最爱的五个人。不着急,慢慢地写。这五个人是你最爱最爱的,所以我有理由相信,你在写下他们的名字的时候,一定会非常的工整,非常的端正。

他们是你最爱最爱的五个人,所以你写下的不是几个汉字,也不是几个符号。当你写下他们的时候,也许你会看到他们的眼神,也许你会想起他们的表情,也许他们的音容笑貌、故事、细节都会在一刹那呈现在你的面前。所以你的内心会有一种感受——这五个最爱的人——一种什么感受会涌上你的心头?

学生交流。

追问:孩子们,当你写下这个世界上你最爱的五个人的时候,老师想问你一下,你的内心充满着一种怎么样的感受?那是你最爱的五个人,你一笔一画地把他们写下来,你的内心是一种怎样的感受?

二、逐一划去五个人

2. 划去一个人。

【引导语】是的,这5个人不是五个名字,更不是五个符号。他们就活在你的生活中,就活在你的心中。他们给你温暖,他们给你阳光。是吧?就是这种感受。好的。现在请你拿起笔,听清楚要求——在五个最爱的人当中,现在请你划去一个。

学生交流。

追问:孩子,请你站起来。你把谁划去了?为什么?

3. 再划去一个。

学生交流。

追问:孩子,你来说一说。你难受?为什么?

【引导语】很对不起大家,老师让大家难过了。但这是一个规则。有的时候,孩子们,人生就是这样,你最不愿意舍弃的人,你最割舍不下的人,可能就是在一个细雨绵绵的早晨,也可能在一个大雪纷飞的黄昏,突然就离你而去,而且永远不再回来。人生就是这样。

4. 再划去一位。

【引导语】尽管这个规则非常非常的残酷,但是我还得继续下命令:请你,拿起笔。请你注视着自己的笔尖,注视着自己的笔尖。然后,在剩下的你最爱的人当中,再划去一位。

学生交流。

追问:孩子,你把谁划去了?当你把他划去的时候,你的眼前仿佛出现了——

追问:当你把"××"两个字划去的时候,你知道这意味着什么?

5. 划去最后两位。

【引导语】其实,我跟你们一样,我也很难受,也很难过。因为当你们流泪的时候,我跟你们一样,我在自己的心中也跟你们一样,在做着一份非常非常艰难、非常非常痛苦的抉择。但这是规则,现在请你放下笔。然后,请你静静地看着最后的两个人,静静地看。这两个人是你在这个世界最爱,最爱,最爱的人。你看着他们,你盯着他们,是的,他们的声音会在你的耳边响起,他们的面容会在你的眼前出现,你曾经跟他们在一起所度过的每一年、每一天,甚至每一分、每一秒,此刻,都在你的心头涌起。一个画面,一个故事,一个细节,这一切都是这两位给你的;都是你最爱最爱最爱的这两位给你的。好,请你拿起笔。把两位全部划去。

学生交流。

追问1:你有话对他们说吗?

追问2:你仿佛有种什么感觉,孩子? 当这五个人全部被你划去,特别是最后两个人被你突然划去的时候,你自己仿佛到了哪儿? 仿佛到了什么地方?

追问3:当你最后把这两个名字/称呼划去的时候,你的脑海里浮现的是一幅怎样的画面? 或者一个怎样的情境? 或者一段怎样的故事?

【引导语】请你永远记住她留给你的这些细节——当你高兴的时候,曾经跟你一起笑过,笑得那样地开心,那样地爽朗;当你难受的时候,当你掉泪的时候,抱着你,一起陪你哭。这就是你的妈妈。

【引导语】好,请同学们趴在桌子上。(静默半分钟)就20分钟的时间,残酷,痛苦。我们仿佛一下子从一个阳光灿烂的早晨,跌入了凄风苦雨的夜晚;我们仿佛一下子从鸟语花香的春天,走进了冰封大地的冬天;甚至我们仿佛从天堂掉进了地狱——短短的20分钟时间。因为,在这个世界上,有五个你最爱最爱最爱的人,在这一刻,被你一一划去了。

三、记下上课的过程

6. 记录上课过程。

【引导语】请大家抬起头。但是孩子们,这一切根本就没有发生过呀!他们依然在你的身边,他们依然好好地活着,你为什么要哭?你为什么要那么伤心地哭?为什么?你们想过吗?

我相信,这一幕,会在你的心中,留下很深很深的印记。那么就请你拿起笔,再换一页稿纸,把刚才发生的那一幕,用你的文字,原原本本地把它记下来,从上课的第一分钟开始,老师说了什么,你做了什么。在你做的过程当中,你感受到了什么,你想到了什么。你的同桌,你的伙伴,你要好的朋友,其他的同学,在这个过程当中,他们在说些什么,他们有一些怎么样的表现。当你面对这五个最爱的人的时候,当你一次又一次地将他们划去的时候,你的手,你的笔,仿佛……当最后两位被你划去的一刹那,你脑海里边冒出的又是怎样的画面,一段怎样的故事。孩子们,把所有的这一切都用你的文字记下来。给大家20分钟的时间。好,开始。

学生交流。

【引导语】好,孩子们,时间到了。请把手头的笔都放下,好吗?那一幕已经过去了。20分钟的那一幕,几乎让我们每一个孩子都掉了眼泪的那一幕已经过去了。但是我说它没有过去,因为它留在了我们另一张洁白的稿纸上面,留在了我们每一个同学用自己的心声、用自己的文字把它记录下来的稿纸上面。尽管不堪回首,但是还是让我们再回一次首。

我请她再带着大家一起回首刚才的那一幕。请大家把笔放下,放松,凝神,然后是倾听。好的,请你开始。

学生点评。

【引导语】我们请她再读一遍。你们可以干什么?对。不用我说,你们都明白了。拿起笔。是的,你可以记录。也许,那是一种你心里有的感觉,却说不出来的；也许，你有了那种感觉，你也找到了属于你自己的文字，但是当你听到了她刚才的这一番话语之后，你突然觉得她的感觉比你更加细腻、更加准确、更加深刻；也许，是在刚才的过程当中，你自己不曾感觉到的，其实不是不曾感觉，而是这种感觉被你埋得很深很深，然而听她那么一说，听她那么一读，这种感觉就像泉水一样从地底下汩汩地涌了出来。你可以记。准备。

教师适时点评。

7. 修改作文。

四、练习命题

8. 给记录文字取个题目。

【引导语】好的，孩子们，把笔都放下。这就是文字的好处，这就是文章的力量。当它那么准确、那么细腻、那么传神地把刚才发生的那一幕，永远地保存下来的时候，孩子们，一年以后，十年以后，当你也做了爸爸妈妈的时候，你回过头来，你再去看——在2014年某月某日的上午，你曾经上过那么一堂课，你曾经对自己那样说过。是的，假如刚才发生的这一幕，你所记下的那一段文字，请你为它起一个题目的话，孩子们，你打算把它叫什么？

学生交流。

教师点评。

【结束语】是的。"爱"就一个字。但是，这是一种怎样的爱？这是一种圣洁的爱，这是一种让我们能够为之流下最真挚的泪水的爱，这是一种叫作"天堂"的爱，这是一种能够把我们带向天堂、能够给我们以无限力量的爱。今天，在这样的爱的面前，我们每一个同学都经历了一番抉择，都感受了一番抉择，也都思考了这一番抉择。我很高兴，我也很感动。最让我高兴、最让我感动的不是你们写下的文字，而是你们流下的泪水。因为，你们真的长大了。

"亲情测试"评改指导

【学习目标】

1. 学生能够用恰当的词语或句子写出事情的变化过程（过渡）。
2. 学生能够用合理的顺序安排好语段内部的层次。

【学习重点】

学生能够用恰当的词语或句子写出事情的变化过程（过渡）。

【学习难点】

学生能够把握叙事文中过渡的常用词语或句式。

【学习时间】

1课时

【教学过程】

一、总评习作的亮点和缺陷。

二、学习修改"过渡"。

1. 比较两篇习作的过渡句，说出好或不好的理由。

2. 分析两篇习作过渡句的特点。

3. 归纳叙事文中过渡的常用词语和句式。

4. 修改自己习作的过渡句。

三、学习安排语段内部的层次。

1. 阅读两个学生习作的语段，归纳这两个语段在内部层次上的共同点。

2. 调整自己习作各个语段的内部层次。

四、当堂巩固。

修改自己的习作。

"亲情测试"评改学练案

【学习目标】

1. 能够用恰当的词语或句子写出事情的变化过程(过渡)。
2. 能够用合理的顺序安排好语段内部的层次。

【学习过程】

一、比较下面两篇习作的过渡句,你认为哪一个好,说说理由。

一个都不能少

今天,上语文课的时候,老师发下来一张干净的白纸,并且让我们在白纸上写下自己最爱的五个人。

这时我们都在白纸上写下了五个最爱的人。我写在白纸上的是爸爸、妈妈、爷爷、外婆、外公这五个我最爱的人。

这时老师让我们划去一个人,我没有犹豫地划去了外婆,因为她早已去世了,所以我划去了她。

当老师叫我们划去第二个人的时候,大家都开始犹豫了,仿佛不想再划去了,可是又不得不划去,只好忍下心来再划去一个人,这时我划去了爷爷,心里有些不忍,但是我还是用我的笔慢慢地划掉了。

当老师说再划去一个人的时候,全班都安静了下来,大家都停住了笔,大家都不想再划去了,我也是的。

可是老师还是让我们划去一个人,我们有些不忍心,这时大家的泪水都在眼眶中打转了。我眼含着泪水划去了第三个人,外公。班上的好多人都哭了,几乎没有人可以安安静静地坐着了。

这还不是尽头,老师又叫我们把剩下的人都划去。当时我含在眼眶里的泪水不自觉地流出来了,一滴一滴地滴在了纸上,我一个人都没有再划去了,只静静地坐在座位上,什么事也不想做,听老师把下面的话讲完。

不能失去的爱

也许,如果不是这样,我永远无法意识到我有多么爱他们,多不能失去他们。

又是一节课的开始,我还在叽叽喳喳地和同桌说话,老师已让同学发纸,一张张很白很干净的纸,他站在讲台上拿着和我们一样的纸大肆赞美了纸的纯洁、干净无瑕,我们都不知道老师想干什么,但也被老师那略显浮夸的赞美所逗乐。

随即,老师让我们在纸上写上自己最爱的五个人的名字。我几乎不假思索地便写上:"爷爷,奶奶,爸爸,妈妈。"还剩一个,写谁呢?平日里,表姐有什么好吃的,都会送来给我吃,对我很好很好,那就写她了吧。

之后,老师就让我们划去一个名字。我想:如果这五个人中有一个关系最淡,那就是表姐吧,于是,我用笔把表姐的名字划去了,可那一刻,表姐对我的好全部涌上心头,我忽然觉得自己好忘恩负义,她对我那么好,而我却将她第一个排除了出去。

接着,老师又让我们再划去一个亲人。我的笔久久不落下,因为我不知道该如何选择了,这些人对我都很重要,我不能失去任何一个人,但游戏的规则谁也不能违背,我闭上眼睛,狠心划去了爷爷。因为爷爷很少在家,与他接触的机会并不多,只是,爷爷难得休息在家,也会骑着他那辆旧自行车接送我上学放学,无论是烈日炎炎,还是寒冬腊月,只要他在家,就一定会来接我。此刻,那辆旧自行车的吱吱声又回荡在我的脑海,我的眼眶已有些泪水了。

不出所料,第三个又将被残忍地划去。这次,我又该划掉谁呢?也许对我来说,爸爸,是敬重多一些而爱少一些吧。可是,如果我真的失去了他,也许就再也没有人会为我的马虎和不认真而生气了。记得假日里,爸爸起床后,捧着一碗饭进了我房间,我醒了,但还不想睁开眼,便装作睡着了。谁知,爸爸看着我,竟笑出了声,现在细想起来,这是怎样的一种爱呀!

最后,老师让我们划去最后两个人。我将头埋在臂弯里,不愿再划了,奶奶和妈妈,一个把我带大,给我无限关怀,一个教我做人,把我引向正确的道路,我不能失去他们……

尽管这只是一个游戏,是的,只是一个游戏,那些爱我们的人,都还继续爱着我们,不是吗?

那些爱我的人们,我爱你们!

总结:_____

二、下面两篇习作的过渡句,有什么特点?

亲情无价

今天一上课,老师就给我们发了一张白纸,老师赞美了这张洁白无瑕的纸,紧接着便叫我们写下五个最爱的人。仅仅只有五个? 这次老师又有什么把戏了?

我满心欢喜地写下了这五个人的名字:"妈妈、爸爸、姐姐、弟弟、哥哥。"一边写着,这五个人的话语、神情、背影在我的脑中飞速闪过。

我正纳闷时,老师说:"现在从这些人中划去一个。"我傻了眼,划去一个? 代表着他离开了我。我只好划去了"哥哥"。划去之后,才觉得哥哥对我很疼爱。他知道我喜欢吃糖,所以每次朋友给他的糖都送给我吃。每次我遇到困难时,都会想办法帮我解决,还一边安慰我。

老师的声音又响起:"现在拿起笔再划去一个。"我的笔久久不能落下。这些人中,我不想失去任何一个,但这是游戏规则,我便划去了"弟弟"。那个夏天,我在屋里写作业,不论风扇怎么扇都觉得很热。弟弟见到了,拿着爸妈房间桌上的两块钱,迈着小步去给我买冷饮。我们家住在六楼,无论弟弟跑得多快,那冷饮还是无情地融化了。弟弟还不知,只管往家里跑。回到家,带着豆大的汗珠把那只装着水的包装袋给我送了过来:"姐姐吃。"我捏了捏袋子,一下便明白了,接下了那只"冷饮",望着弟弟满心欢喜的笑容,我也笑了。划去了弟弟的名字之后,心仿佛被针扎了一下。

老师的声音再次扬起:"现在继续划去一个。"我的笔似乎变得千斤重,脑子一片空白,只是哽咽,任泪水"吧嗒吧嗒"地落在那张洁白的纸上,慢慢地晕开。班里的气氛也变得越来越沉重。我强忍住泪水,笔在名字间徘徊,最终落在了"妈妈"上。名字便一笔一笔地被我划去。还记得那次我贪玩,把订书机里的针扎进了大拇指中,鲜红的血从那两个小孔中涌出来。妈妈看见了,急得把一大包纸拿来,扯了好多张盖在伤口上止血,手忙脚乱的,把我弄疼了,妈妈急切地问:"没事吧?弄疼你了没?"

"现在把剩下的人都划去",可是笔却越来越重,我呆滞地缓慢地将他们的名字一一划去。那一刻,觉得自己的心被掏空了。但我知道,这只是一次测试,他们都还在我的身边。

我这才意识到那些在我身边经常出现的人对我来说有多么重要,我爱你们!

艰难的抉择

星期三这一天,原本阳光明媚,却在第二节课变得天昏地暗。

上课了,老师抱着一堆白纸走进教室,发给我们。老师赞美了这张纸——干净,洁白,没有任何污点。接着说:"请同学们在这张白纸上写下你最爱的五个人。"思考了片刻,我写下了如下五人:大妈,爸爸,妈妈,哥哥,姐姐。因为是最爱的五个人,所以用了较工整的字把他们写下来。

写完后,老师说划去一个人。我有点不知所措,在五个人中我的笔来回徘徊,决定把姐姐划去。每次和姐姐在一起的时间很少,但都很开心,我会把不开心的事告诉她,她也会替我想办法。

划去了第一个,就意味着失去第二个。果然又要划了,这一次我把哥哥划去了,哥哥已经成家了,但他还像个小孩一样陪我打打闹闹,和他在一起时,好像所有不开心的事都忘了。想起了哥哥对我的好,泪水自然而然地滴下来。

在我正伤心时,老师又要求划去一个人。烦死了,我还在犹豫,握在我手里的笔微微颤抖。这一次,我把母爱最浓的妈妈划掉了,妈妈对我很好,但她天天上班,晚上还要加班,双休日时还要去加班。所以我们一天相处的时间并不多,我把妈妈划去了。这时,同学们讲起了自己的外公外婆,这也不由得使我想起了我的外公外婆,他们都住在农村,外公即使年纪大了,但每天都要去饭店上班,外婆每天都要起早贪黑去卖菜,挣的一点钱自己都舍不得花,留着给我们。但因为和他们相处的时间太少,所以就没有把他们写进去吧。

剩下两个人了,老师让我们全部划掉。手上的笔好似千斤重,所以我都没划。一般情况下,同学们剩下的是爸爸妈妈。而我认为我最爱的那个人是我大妈。小时候,我住在乡下,乡里人都说我有两个妈,我想,有两个妈是多幸福的一件事啊。所以从小到大我喊大妈一直喊妈。那时由于爸妈在城里忙于工作,所以我在乡下读了一年的幼儿园。那时没有校车,大妈就一直背我到学校,那么远的路,那么长的时间,大妈从来没有抱怨过,所以她是我最爱的人。

虽然有一天我爱的人和爱我的人会离开我,但现在并没有,所以好好珍惜现在吧。

总结:_____

三、阅读下面两个语段,说说这两个语段在内部层次上,有什么共同点。

语段一

"再划去一个。"老师又发出那残酷的指令。看着剩下的四个人,自己真的不知道如何选择,经过一番斗争后,自己决定把姨妈划去了。思绪回到了三年前的夏天:我正在住院,姨妈不辞辛苦地每天给我送午饭,有时顶着炎炎烈日,有时冒着狂风大雨,从没间断过。那一幕幕如同昨天发生的一样,历历在目,我怎么狠心把她划去呢?眼睛涩涩的,胸口闷闷的,心脏疼疼的,一滴泪就这么悄无声息地流了下来。

语段二

这场测试还在继续着,我就想下一步该怎么办,剩下的人是姐姐、妈妈、爸爸。在这三个人中,首先划去的一定是姐姐,姐姐对我时好时坏,好的时候特别照顾我,而坏的时候令我特别想不认这个姐姐。她老是与我抢同一台电脑、同一个美味、同一件衣服。不过总的来说,她对我蛮好的。当这三个人消失了,我想我的内心已经非常空虚了,仿佛一只折了翼的小鸟,一只断了线的风筝,生活失去了乐趣。

总结:_____

放大精彩

【学习目标】

1. 由简析《老王》的"动情点",导入课题,结合图片及例文进行具体分析,让学生充分认识动情点的作用,学习捕捉瞬间"动情点"的方法。
2. 通过具体的写作体验,学会放大"动情点"。

【学习重点】

捕捉瞬间动情点的方法。

【教学难点】

方法的指导与学生动态生成的结合。

【教学时间】

1课时。

【教学内容与步骤】

一、导语设计

我们学过杨绛先生的《老王》。老王为报答"我"一家平时的关照,临死之前到杨先生家送鸡蛋与香油。重病的老人,面如死灰,拖着似骷髅上绷着一层枯黄干皮的躯体,一手提着香油,一手提着一包鸡蛋。这一形象读后令人难忘,怀揣一颗感恩的心,老王成为中华民族传统美德的代表。

(投影展示文本中的插图)

这篇散文的成功,很大程度上在于杨绛捕捉到了文本的"动情点"——感恩的心。由此我们可以得到一个有关写作的有益启示:要善于捕捉生活中的"动情点"。(展示投影)

"动情点",简单地说,就是在生活中一瞬间打动你的内心,引起你思考的人、事、物。它可能表现为一个甜美的微笑,一句温馨的祝福,一件感人的小事。动情点可以启迪你的智慧,牵动你的思考,成为让你难以忘怀的记忆。

二、用心捕捉动情点

(展示图片)

下面看一张图片

教师启发引导(请学生以四人为一组探究这幅图,推选代表谈一谈本组同学的感悟):

(1)请你用自己的语言简单地给大家说出图片的内容。

(2)试用一句话概括出这张图片的动情点是什么。

(3)请给这张图片起个标题。

教师解读:

(1)从这幅图片上我们看到的是一位乞丐老奶奶在向汶川大地震受灾者捐款的动人一幕。

(2)"动情点"是生活贫困的乞丐老奶奶将捐款投入募捐箱的一瞬间。

(3) 标题可以叫：感恩，帮助，同舟共济……

(师生合作学习)

请大家回忆生活中那些难忘的事，试用一句话概括"动情点"。

教师示范：

1. 女儿在弹钢琴时专注的目光。

2. 让我难忘的是幼小的女儿在幼儿园第一次升国旗时那一双激动的眼睛。

学生自由发言：

夏夜母亲的蒲葵扇，冬日父亲送孩子上学的身影，清晨上学时亲人的一句叮嘱，晚上放学后家人期待的目光……

教师小结：

日常生活看似平淡，没有什么惊天动地的大事发生，找不到心灵震撼的感觉。但有些细节令人感动，比如：外婆给中风的外公喂饭时的动作，爷爷为不识字的奶奶读报、奶奶给爷爷拔白头发时的神情，妈妈拖着疲惫的身躯给我借书的背影……然而这些细节转瞬即逝，有些能使你刻骨铭心，有很多一不在意就过去了。这就需要我们学会"抓拍"的功夫，生活中"动情点"很多，不要抱怨生活的平淡，这只能说明你缺少发现的眼睛，做一个生活的有心人，你就会捕捉到更多的"动情点"。这样，生活中的精彩瞬间形成的一幅幅感人的画面就在我们的头脑里定格了。

"动情点"被捕捉到后，呈现散射状，还必须思考、放大"动情点"，发掘"动情点"背后的思想内涵、价值。这直接决定着文章的灵魂——立意。

三、用脑放大动情点

请看一篇文章——《听泥土说话》(投影)

听泥土说话

查一路

儿子失败了，带着沮丧从那个城市回来。母亲是个哑巴，从菜园里回来，见了儿子就明白了一切，用手比画着，又觉得比画不清。于是，将准备放下的锄头又拾起来,挖了一块土递给儿子。

这一夜,儿子没睡。月光照在方桌上,方桌上放着那块泥土。儿子望着泥土出神。后来,他仿佛感觉到泥土在跟他说话。是啊,没什么大不了的,就算输光了一切,家乡的泥土输不掉。就算不被任何城市收留,这块泥土会接纳他。就算失败如影相随,只要是块泥土,播下种子总有发芽的机会。儿子看着泥土一夜没睡,对着月光想了一夜。

第二天,儿子走了,带着无比的自信。

带上那把泥土上路。儿子的心如泥土般踏实,性格如泥土般坚韧,待人如泥土般诚恳,为人如泥土般坦荡。

十年的挣扎、打拼,儿子成功了。一身光亮从城里回来,得意扬扬。

母亲从菜园回来,显然较之十年前已苍老了许多。儿子接过母亲的锄头,怨责母亲:"您老这是何苦?这锄头您今后再也用不上了。"说完,就要把锄头扔了。母亲比比画画,感觉到比画不清时,又把锄头重新拾起来,挖了一块土,送给儿子。

一如十年前的那个夜晚,月光照亮了儿子屋里的小方桌和方桌上这块新的泥土。眼前的情景让儿子想了又想,又和泥土对了一夜的话。泥土永远处在低处,所以不会从高处落下来,跌得很痛。月光下,只有泥土黑漆漆一片,它不以光亮示人,它的光芒永在内心,才有质朴浑厚的力量。泥土不会因为身处山峰而自傲,也不会因为身处低谷而自卑。每一块泥土都很自然、平静、从容,所以才如此博大、深厚。

第二天,儿子走了,带着深深的羞愧。

从此,儿子处世如泥土般低调,性情如泥土般内敛,为人如泥土般虚心,对待成败得失亦如泥土般自然、平静和从容。

几年之后,与儿子同时发迹的伙伴,三三两两地从很高的位置掉下来,跌得很痛。只有儿子一步一步走得很稳。

"发迹之后,我就扔掉了那把土。不过,好在失败之前,母亲送给了我这把土。"儿子常对朋友们说,"再把这把土扔了,就等于扔掉了我的整个人生。"

(教师朗读文章)

教师设问:

(1) 通读全文,找出本文的"动情点"。

(2) 思考:动情点是否就是本文中心?

(3) 试说出本文的中心暗含在哪些句子中。

(学生以四人为小组合作学习,得出自己的结论。)

教师点拨:

本文的"动情点"是一块普通的泥土,这块自己家菜园的泥土却触动了作者的内心,在失败时鼓励他振作,成功时告诫他虚心。如以此作为文章的立意出发点就散失了写文章的价值和意义。作者在文章中是放大了"动情点",泥土更是母亲的化身,平凡朴实如泥土,这泥土传达出母亲对儿子深深的关心和浓浓的爱。此时母亲的爱子之情跃然纸上,本篇文章也变得厚重许多。这就是用脑思考放大"动情点"的作用。

教法指导:

写作时,立意是文章的灵魂。针对不同的立意,写作选择的"动情点"将有变化。用脑思考后放大"动情点"更能彰显文章的中心。

用心捕捉"动情点",用脑放大"动情点",用笔书写"动情点"。写出个性,写出思想,展示自我。

四、用笔书写动情点

写法指导:

(一) 尝试将"动情点"放大,借助多种写作手法,写成一段话。

例文

我看见他戴着黑布小帽,穿着黑布大马褂,深青布棉袍,蹒跚地走到铁道边,慢慢探身下去,尚不大难。可是他穿过铁道,要爬上那边月台,就不容易了。他用两手攀着上面,两脚再向上缩;他肥胖的身子向左微倾,显出努力的样子,这时我看见他的背影,我的泪很快地流下来了。

教师提问:

1. 这段文字的"动情点"在哪?

2. 采用了哪些写作方法放大"动情点"?

（师生共同分析例文写法）

教师总结：

1."动情点"是背影。

2.写法特点有：

(1) 外貌描写、动作描写、场景描写等描写方法。

(2) 充满感情的话语。

(3) 连续动词使用。

(二) 写作练兵

（投影展示图片）

思考：

(1) 这幅图的动情点有哪些？

(2) 给图片起怎样的标题？含义是什么？

(3) 借助描写、烘托等方法把找到的动情点写成一段话（学生动笔写作）。

展示学生习作，师生讨论。

教师明确：

父亲鞋带松了，走在前面的母亲拦下了他。俯身，弯腰。母亲开始为父亲系鞋带！母亲嘴角微抿，画出一道温柔的弧线。纤细却并不白皙的手指在父亲的鞋带中穿梭回复。父亲低着头，像个犯错的小孩。柔和的目光像一潭深邃的湖水,仿佛隔了千年,恒久不变地穿过那些空气中氤氲的阳光与浮尘,望着母亲。四目交错的瞬间,相视一笑,没有声音,没有语言,只有温暖的笑容。

母亲与父亲的相濡以沫,一个细微的"系鞋带"动作,这是"动情点"的闪现,平凡却精彩的爱的瞬间。

小结:

生活中处处都有动情点,只要大家热爱生活,善于观察,做个有心人,捕捉动情点,放大"动情点",那我们一定能写出"心中的歌"。

那一点萤火之光
——写在国家公祭日之际

背景:2014年,十二届全国人大常委会第七次会议审议通过了草案,将每年的12月13日设立为南京大屠杀死难者国家公祭日,以悼念南京大屠杀死难者和所有在日本帝国主义侵华战争期间惨遭日本侵略者杀戮的同胞。

地点:教室

人物:老师和她的学生们

沉默中的哀悼:这一天,南京凄烈低沉的警报从首个侵华日军南京大屠杀死难者国家公祭的主场——侵华日军南京大屠杀遇难同胞纪念馆响起。随即,全市上空鸣笛一片,我和我的学生们与千万南京人一起默哀着。

清澈眼神中的恐惧:眼前,平民、妇孺、老幼遭受欺凌杀戮,几个学生捂住了眼睛,更多学生沉默的眼神中透露出心中难以平抑的怒火:

……

学生哗然于对日寇的声讨中。

虽然之前同学们聆听了习近平主席的哀悼文,文中23次提到"和平",但这仍熄灭不了这些热血少年心中的怒火,黑板上为公祭日写下的"缅怀逝者,珍惜和平"也一时无法让孩子们松开紧握的拳头。

国家公祭日拉近了远去的硝烟,重温了民族的苦难。而留在孩子们心上的愤怒,会把孩子们的心引向何方?是化为我们希冀的"铭记历史,守护和平,珍爱生命",还是以不忘历史为名,心中激荡着扼杀对方生命的狭隘民族情绪?

作为老师的我有责任去引导学生,于是我决定让学生欣赏一部电影。当我投放出以日文字幕打出的电影《萤火虫之墓》时,有声音咕哝着:干吗要放日本电影？我觉察出上周的对日抵触情绪仍然延续，甚至蔓延到否定日本文化作品的地步。我继续播放电影……

学生们安静地一边欣赏着，一边思索着，不时写下一些什么。电影结束了，大家各抒己见。

第一组，感受主人公少年青太的快乐：

同学1：青太有一个在日本远洋舰队当军官的爸爸，他给这个家带来了丰厚的收入和荣誉，妈妈虽然体弱，但美丽慈爱的她非常疼爱孩子们，妹妹天真有趣，一家人快乐地彼此守护，幸福生活着。

同学2：妹妹在战争物资匮乏的时候，仍然很懂事，一盒水果糖就可以开心很久，哥哥青太抓来一蚊帐的萤火虫点亮了兄妹俩栖居的黑暗山洞，这星星点点的萤火之光，把兄妹稚嫩的脸映得暖暖的，然后他们跟萤火虫一起睡去，好温馨的画面。

第二组：你感受到少年青太的愤怒、恐惧、哀伤有哪些？

同学1：恐惧：妈妈死于空袭，爸爸远在战场，房子也被烧毁，没有收入来源，妹妹严重营养不良，身体日益衰弱多病，青太怕失去妹妹，但青太无能为力，情急之下只好偷窃一点食物，却被抓住殴打辱骂，妹妹看到这一幕肯定吓坏了，却也保护不了哥哥，只好哭，无助和孤独恐惧让人难过。

同学2：悲哀，少年青太把母亲无处救治而死亡的消息努力隐瞒着，每次编织善意的谎言欺骗年幼的妹妹，说妈妈在医院快康复了。我想青太失去妈妈肯定很伤心，但在亲人面前哭一场都不行，这是一种压抑而深刻的悲痛。

第三组：

(1) 总结：少年青太如何珍爱家人的生命？结果如何？

同学：

对妈妈，青太想拯救妈妈，拜托医生救治妈妈，可是医院被美军炸毁，妈妈死了。

对妹妹，竭尽全力而又无能为力，无力的青太只能看着幼小的妹妹在营养不良带来的各种疾病中死去。

青太自己，1945年9月，少年青太干瘪的身躯倒毙于日本的街头，而在当时被美军轰炸的战败国日本,这不仅仅是他一个人的命运。

（2）为什么会有这样的结果?

同学:是战争,让一个同龄的少年失去了一切:亲人,住所,食物,生存的希望。

影片的结尾,在另一个世界青太和妹妹被萤火虫环绕,青太和妹妹快乐地吃着糖果,那里没有空袭、炸弹,没有饥饿和悲伤恐惧。

这看似美丽的场景让人心碎,孩子们眼中泪光闪烁。

我抛出了最后一个问题:战争结束了,看到青太一家这样的结局,你们开心吗?

沉默,没有一个人说话,但我想此刻答案已然在学生们的心中。战争无论是以何种理由开战,对于一个个生命而言都是无情而残酷的,谁在乎这一个个鲜活的生命?我在乎,你在乎,他在乎,我们南京人在乎,青太也在乎——12月13日,我们将和平铭记心中。

学生创意习作

湘江北去
——《沁园春·长沙》改写

南京市浦口区实验学校　夏雨莎

着一袭青衣,独立于橘子洲头之上,崇山峻岭之间,一位青年在这潇潇秋色中远眺,望凛冽寒风卷起千层浪潮,湘江在大浪淘沙的怒吼声中滚滚向前,又是谁在西风中独自凉?

望,层层山峦,那是南岳七十二峰的最后一峰,灵麓峰。山上一片红色,在阳光的照耀下格外光彩、透亮。那漫山红枫,把秋天装扮得像一幅油画。秋风乍起,惹得树叶簌簌落下,化作翩跹蝴蝶在空中平展火红的翅膀。若行于其间,便仿佛置身于一片红色天地。

粗粝的秋风擦过青年的衣角,扫向远处峰峦起伏的层层林障,也无意吹翻了名为秋色的燃料,让人间落满了惆怅。是外敌来犯的激愤,是军阀割据混战的人心惶惶,还是人民迫切想进行革命的热血?顷刻间,漫上千万座巍峨高山,浸深了片片叶角。

我看,脚下碧绿的湘江,江水澄澈见底。游鱼俶尔远逝,往来翕忽。正是潮平两岸阔之际,白色的帆高高扬起。船只竞相前行,奋力划动的桨,劈开波浪。渔夫古铜色的皮肤,一声声号子,悠远深长。一声长鸣掠过,雄鹰展翅穿过无尽的苍穹,我听见一滴水迸溅出江面,鱼儿轻快迅疾地畅游于这碧波之中。世间万物皆在此时自由自在,丝毫不觉这秋日的萧瑟,只在这江山如画间,看天地一片赤红。

辽阔的天地之间,一位身材修长的青年昂首问天:时过境迁,朝代更迭,这湘江还是原来那般碧水长流,这枫叶还是原来那般火红依旧,这苍茫大地到底谁主,谁谋?

往事的回忆,如涟漪般在青年的心头荡漾开来。

还记得那些青葱岁月吗？曾经年少的他们，满怀激情，在这橘子洲上，在晨曦中，一起吟诵"醉里挑灯看剑，梦回吹角连营"，声音激越高亢。也曾一起愤慨地斥责如今江山主宰的腐败统治，悲愤地感慨如其美景的沉沦。在爱晚亭畔，在岳麓峰顶，一群同学少年，指点江山，激扬文字，将官场名利轻抛。

还记得吗？那年夏天，青年人和几个志同道合的朋友一起畅游湘江，到中流击水，激起的浪花阻遏了飞舟。一起面对祖国大好河山，指点评论，经常在一起评论国家大事，写出激浊扬清的文章，把主宰一方的军阀统治者看得如粪土一般。

青年的视线缓缓落到宽阔的江面上，脸上写满了自信。

一声汽笛，一只巨轮逆流而上，劈浪前行，越驶越远。天地间传来朗朗清音："到中流击水，浪遏飞舟？"

一袭青衣的青年人，书写下豪情壮志，以责任为脊梁，为了改造旧中国，尽自己最大的努力。国，亦是家，家国，是那青年人内心最最柔软的地方，也是他愿意为之付出一切努力的情怀。爱家亦是爱国，爱国大于爱家，和那青年人一样，在无数中华儿女的心中，对于祖国的赤子之心是任何力量也动摇不了的。

《土地的誓言》改写

南京市浦口区实验学校　宁广胜

独自回望广大的关东原野，
心里怀着挚痛的热爱。
我的名字，她无时无刻不呼唤着；
我的行迹，她无时无刻不牵挂着。

有时躺在土地上，
仰望天上的星星，或手握泥土，
总会想起那儿时往事：
高大碧绿的白桦林，奔流似的马群，
深夜蒙古狗的嗥鸣，皮鞭滚落的脆响……
关东的原野，关东的忆事，
都深深地隐藏在我心之中。

北方渐冷的冰刃吹刮着，
每当我从这温暖熟悉的土地徐徐睡去，
却又总颤颤巍巍恍然惊醒，
冰冷的心，冰冷的温度，
铁蹄的踏践让我梦醒：
她低隐的呼唤声已和我血脉相连。

亘古的地层中，

燃烧的洪流,烈如我心迸发的鲜血。
土地,我的母亲!
丰满的原野上,留下我无数的脚印;
家乡的稻谷上,流淌我深切的回忆。

正春,东风吹起,田野飘扬着土地的芬芳,
河水长流,细流如烟。
艳阳是辛劳的给予,汗水是下耕的证明;
入秋,蛛丝斜挂,粮车运载着稻花的金黄,
麻雀作飞,谷场已响。
欢喜是劳作的礼赞,丰收是人民的心欢。

多么美丽,多么富饶……

不知何时,
田垄的欢笑,谷粒上的蚂蚱,锄镐上的汗迹……
都消失在这片冰冷的土地上。

没有人能够将你忘记,
我终将为你战斗到底!
土地,原野,家乡!
太阳照常升起,
你也必须站立!
你也必须被解放!

天边破晓,
我定回到你身边,
用我的泪水,洗去你一切污秽与耻辱……

再回延安

——《回延安》改写

南京市浦口区实验学校　丁心蕊

延安！延安母亲！

我的双脚近乎颤抖着踏上了这片十年未见的土地。险些跪了下去,便抓起了一把黄土,紧紧地贴在了心窝上,久久不肯放下……

犹记得,当初刚到延安时,我还只有十五岁。是延安的小米饭养育了我,是延安给了我政治的生命。后来,我因革命工作需要离开延安,但这里的一山一水、一草一木,延安的战友和父老乡亲仍萦绕在我的记忆里。正因为他们,我才踏上了千万里的革命征程。

多少个夜晚,我因思念这片熟悉的土地辗转反侧。宝塔山是那么近,延河的水是那么清,仿佛我只要张开双臂,就能把它们全都揽在怀里。

十年了……今天,我重又踏上了延安的土地!

这就是延安!用亿万年黄土累积起来的延安!那纵横的沟壑,就是五千年沧桑的皱纹。在经历了无数次漠风洗礼后,承担了民族不死的奋争。延安没有莺歌燕舞,没有宫殿楼阁,只有裸露的脊梁,健壮的臂膀,比黄土还黄的小米,还有那至今还传唱在杜甫川的欢快歌声,柳林铺的畅快笑声,山顶上高高飘扬的红旗在向我招手。我看见,那熟悉的白羊肚手巾和红腰带,激动着越过延河的身影——那是咱延安的亲人!我再也按捺不住内心的喜悦,一头扑在了他们的怀里……

泪,落在了黄土之上。

我走进了熟悉的黄土窑。满窑里围得密不透风,炕上团团坐着乡亲,空气里弥漫着米酒油馍的香气,木炭熏得四周暖融融的。

突然，头顶响起了一阵急促的脚步声，老爷爷开了门，看见我，顿时红了眼眶："我梦见鸡毛信来，可真见亲人！"

"团支书又领进社主任，当年的放羊娃如今长成人！"

没有辉煌的灯火，却有昏黄的油灯，照亮一个民族的前程。古老的黄土窑洞，今朝书写的是新的故事。十年来迅速发展的革命，黄土窑洞上插遍的红旗，伴着一口口的米酒，怎么能说得尽呢！

且看看这延安城吧！一座座林立的高楼掩盖了周边的山形，明亮的街灯映照着宽阔的柏油路。你能望见那点点的窑洞灯火，那巍峨耸立的宝塔吗？杨家岭在何处，枣园又在何方？这眼前的繁华街景，又似乎不敢让人相信，这就是已经临摹到脑海的那个延安?!

是的！这就是延安！一座精神的圣殿，五千年的文化地基，云霄的穹顶，黄河的柱石，抵御了东洋的狂风，西洋的霜寒，擦干的紫禁城的泪水，金陵城的血迹，用太行山筑成的大坝，挡住了西来的海啸。

在晨辉中，我望见那枣园和杨家岭。就是在这普通的山坡下，曾经走动着民族的精英，延安有了他们，才叱咤风云。枣园里的路是那么的幽静、弯曲啊，这里有毛泽东和周恩来留下的痕迹。地上的沙土知道，他们就是从这里，踩踏出一条民族解放的道路。

宝塔还是那么的壮丽。它是延安的地标，在阅尽沧桑后与它相对的已经是现代的高楼和车水马龙的大街。风中的黄沙已随往日飘散，秋风撩动的，是少女的长发，放羊娃手里的皮鞭，已经变成汽车的方向盘。延安，在宝塔的眼里，已经由粗犷走向了细腻，由静默走向了欢歌。它由于历史而闻名，由于文明而将再度辉煌。

延安……

那将不再是我一个人的梦境。

[剧本]

故乡(剧本)

南京市浦口区实验学校　滕新宇

序幕

人物　少年迅哥儿,周母

时间　正月的某一天

地点　周家大院

老屋热闹得很,供品、祭器整齐排列,显得郑重而讲究。

少年迅哥儿在院子一角拔草玩,看着这热闹一言不发。

迅哥儿　好无聊……妈,让我出去玩一会吧。

周　母　(短暂地沉默,开口道)过两天,小闰土要来家里帮忙,到时候,你就不闷了。

迅哥儿　(激动地)真的?听说他能装弶捉小鸟雀,我也想试试看啊……新年,还有好几天呢?

第一幕

人物　少年迅哥儿,少年闰土,周母

时间　雪后的清晨

地点　百草园的空地

白雪覆盖了大地,给小镇添了年味,少年闰土和迅哥儿早早就来了。

迅哥儿　(兴奋地指着远方)下雪了,真的下雪了!

闰　土　(有些担心地)哥儿,大清早地偷偷跑出来,你娘不会骂你吗?

迅哥儿　(摆摆手)没事,没事的,这么大的雪,可以捕鸟吧!

闰　土　首先……

闰土利索地从树上折下一根树枝来，在地上画了个圆，然后用穿着布鞋的脚把雪扫开，迅哥儿也跟着拙劣地扫了起来。

闰　土　（指着迅哥儿手心里的秕谷）把那些谷子撒进去就可以了，待会引鸟雀来吃的。

迅哥儿把手里的谷子撒下，闰土便将树枝插进土里，用绳子缚了，再将手里的竹匾罩在树枝上。

闰　土　哎，冬天，只能捕鸟玩，要是夏天，我们到海边捡贝壳去，红的绿的都有。晚上我和爹去田里管西瓜去，你也去。

迅哥儿　管西瓜是管贼吗？

闰　土　不是，走路的人渴了摘一个瓜吃，不算偷……

闰　土　要管的是獾猪，刺猬，猹。月亮地里，听啦啦的响，定是猹在咬瓜了。

迅哥儿　猹，它不咬人吗？

闰　土　有胡叉呢。（装作捏着胡叉刺去的样子）走到了，看见猹了，你便刺。这畜生很伶俐，倒向你奔来，从胯下窜了。它的皮毛是油一般的滑……

闰　土　还有呢，沙地里，潮汛要来的时候，就有许多跳鱼儿，还有青蛙似的两个脚……

迅哥儿　（听得入了神）这远比四角的天空有趣得多。

第二幕

人物　中年迅哥儿，闰土，老年周母，宏儿，水生

时间　廿年后的午后

地点　周家大院

很冷的午后，荒芜的大院里，重回故乡的"我"，望着近乎空无一物的老屋，出神。

灰黄面孔的中年闰土，头上顶着破毡帽，极薄的破棉衣裹着的身子，松树皮似的手里提了一个纸包和一只长烟管，走进了院子里，听到声音的"我"从里屋出

来了。

迅哥儿 （兴奋地）啊！闰土哥，——你来了？

中年闰土立住了，没有作声，脸上现出欢喜和凄凉的神情。

闰　土　老爷！……

听到这话，"我"打了个寒噤，我知道我们之间已经隔了一层可悲的厚障壁。

闰　土　（回过头去）水生，给老爷磕头……这是第五个孩子，没有见过世面，躲躲闪闪……

水　生　老，爷……

听到声音，周母和宏儿也下了楼。

闰　土　老太太，信是早收到了，我实在喜欢得了不得，知道老爷回来……

周　母　（扶起闰土）啊，你怎的这么客气起来……你们之前不是哥弟称呼吗？还是照旧："迅哥儿"！

闰　土　啊呀，老太太真是……这成什么规矩，那时只是孩子，不懂事……来，水生，快上来行礼。

水生只是害羞，紧紧地贴在闰土背后。

周　母　行了，（走到水生面前）他就是水生？第五个孩子？……都是生人，怕生也难怪的……（招呼远处的宏儿）宏儿来，你们出去玩会。

两个孩子便出去了。

闰　土　（把烟管靠在桌旁，递出一个纸包）可惜冬天没什么东西了，这一点干青豆倒是自家晒的，请老爷……

迅哥儿　（关心）家里过得怎样？

闰　土　非常难……第六个孩子也会帮忙了，却总是吃不够……又不太平，什么地方都要钱，没有定规，收成又坏。……种出东西来，挑去卖，总要折本，不去卖，又只能烂掉……

闰　土　（默默地摇着头，却全然不动）

"我"默然了。

（旁白）多子，饥荒，苛捐杂税，兵，匪，官，绅，都苦得他像一个木偶人。

第三幕

人物 中年迅哥儿,闰土,老年周母,宏儿

时间 傍晚

地点 绍兴镇渡口

到了启程的日子,傍晚的斜阳无言地铺在河上,吞吐着细细的波浪,木船静静地在河上摇曳。

闰土一早便到了,忙碌到了傍晚,感伤从他灰黄憔悴的脸上显露出来,他想说什么,到底没有说,立在原地,望着渐渐远去的船变得模糊,消失成一点。

夜深了,我和宏儿正倚在窗前。

宏 儿 大伯,我们什么时候回来?

迅哥儿 回来?怎么突然说起这个……

宏 儿 (有点失望地)可是,水生约我出去玩咧……他告诉我,下次他要带我去海边抓小鱼,涨潮的时候……

"我"和母亲有些惘然,窗外,一轮金黄的圆月显出来了,宏儿兴奋地指着窗外。

宏 儿 大伯,奶奶,快看快看,窗外的月亮,好圆呐!

周 母 啊,是呐,……月亮真圆,家乡的月何时再能看见?

"我"沉默良久,泪划过脸颊。

迅哥儿 (喃喃自语)深蓝的天空中挂着一轮金黄的圆月,海边的沙地都种着一望无际的碧绿的西瓜……一个十一二岁的少年,项带银圈,手捏一柄钢叉,向一匹猹尽力地刺去。

月光照在"我"的身上,影子映在船板,显得寂寞而又清冷,潺潺的水声让人心情舒缓下来,甚至有些伤感,不知何时,宏儿和母亲已经睡了。

迅哥儿 (独白)老屋离我愈来愈远了,故乡也离我越来越远了——灰暗的高墙、四方的天空,渐渐离我远去,只有深蓝天空下的西瓜地,让我如此留恋……

希望是本无所谓有,无所谓无的东西罢!(笑了起来)这正如地上的路:其实地上本没有路,走的人多了,也便成了路……

乡愁

南京市浦口区实验学校　陈欣然

从前望穿楚水吴山,看明月垂泪,吊影逐渐迷蒙,后来才明白,我生本无乡,那一缕名为"心安"的炊烟,是邈远的记忆里慰藉了羁旅的风。

——题记

一、楚水吴山

江南送北客因凭寄徐州兄弟书

故园望断欲何如!
楚水吴山万里余。
今日因君访兄弟,
数行乡泪一封书。

贞元二年,中原奉天之难的余震尚未散去,绕在人们心头,这衬得越中山色更加静谧。从建中三年起,徐州战乱,二帝四王之乱,在朝中藩镇纷乱的洪流下,白居易不得不与父亲兄弟分离,如今,旅居越中,相别已两年有余。

今日晨起,竟觉微凉。白居易不禁裹紧了衣衫,望着窗外的远方,细细咀嚼着那一场梦——梦里,有亲人,有兄弟,聚在符离的小家里,读书谈笑。兄长对他说了什么,他正要回话,忽然,一切戛然而止。他猛然睁开眼,怔怔地在床上躺了好久,方回过神一般醒来。

今天忽不似往日,他好想好想看一看故乡。于是他推门,涌入多水的江南,再找了一处高地,方静静地看着家的方向。

望眼欲穿,山水万重,故园不见。他知道江南的群山绵延,却不到家乡的水边;他也知道江南的水太柔情,流不到故园。他静静立了好久……直到风又吹起了思绪,他忽然想,长风是不是能携数行乡泪,带去心里的那份怀念?

十五岁的少年,第一次深切体会,那名为"故乡"的惆怅。

二、夜思

邯郸冬至夜思家

邯郸驿里逢冬至,抱膝灯前影伴身。
想得家中夜深坐,还应说着远行人。

又过多少年岁,自白居易考中进士,任校书郎,如今已是第四个冬至。这一天,朝廷放假,民间也很热闹,穿新衣,互赠饮食,互致祝贺,有如新年。

步入官场的白居易,已经不再是那个十五岁的少年,思乡时能直白地望断故园,他有了那一份对家的责任与担当;但他依然是那个少年,流淌在岁月里的长情,仍温存着那一份依恋与缱绻。

他能望见,窗外万家灯盏如渔火,微弱的灯照在邯郸驿里,他看见独坐灯前的自己与孤影同眠——不知家中是否也有明灯照我亲,在冬至的夜里念到我长安远行。

离愁别绪,相思怎缓,乡愁,愁乡,愁处不在地中方圆,有一个名为"乡"的地方,自有亲人守望。

三、我生无乡

初出城留别

朝从紫禁归,暮出青门去。
勿言城东陌,便是江南路。

> 扬鞭簇车马,挥手辞亲故。
> 我生本无乡,心安是归处。

踏着第一缕秋风,白居易走上了前往江州的路……

其实在他真正转身时,他有一瞬间不知自己要去往何方,只能跟着自己的脚步,一步一步离开那个他曾满怀壮志要实现政治理想的地方。

他知道那些宦海沉浮,也知道人心险恶。倘若他真的惧怕权贵,便不会写下讽喻诗和新乐府五十首。他相信宪宗是位好皇帝。但他想不到,那些人竟为了针对、排挤自己,把他母亲的死作为一个把柄,说什么作"赏花"及"新井"诗,又说什么"有害名教"。母亲是赏花坠井而亡,而自己的几首诗,皆是早在几年前所作,而真正"有害名教"的,又到底是何人!

而这又有什么办法呢?他或许想过自己的仕途坎坷,却从来想不到竟在一朝一暮之间。面对亲友的赠别安慰,他想说,却什么话也说不出,从京城到江州,又岂会如城东陌路那般!

最后深深看了一眼亲朋故友,便不忍再望,扬鞭簇车马,挥手辞别。从前他以为,故乡是那个熟悉又温暖的地方;后来他又明白,心之所系的地方,才叫故乡。现在,最亲的人已不在身边,故乡已成为那邈远的回忆……也许人生来本无故乡,所谓故乡,不过是那个让人心安的地方。

中年的白居易怀着那般复杂的心情,走向他坎坷的仕途。

四、吾乡

吾土

> 身心安处为吾土,岂限长安与洛阳。
> 水竹花前谋活计,琴诗酒里到家乡。
> 荣先生老何妨乐,楚接舆歌未必狂。
> 不用将金买庄宅,城东无主是春光。

大和四年,老年的白居易,在洛阳的住所里,赏着那流水、青竹、娇花,他也时常想起曾经的往事,现在看来,大部分都早已释怀,随时间的静流,流淌成袅袅青烟。

他现在真正地释然了,无论帝里,抑或是洛阳,倘若心安,眼见即乡。那个忧愤的,怀着兼济天下理想的白居易被他埋入心底,从此世人所见,是那个达哉达哉白乐天。

……

又不知过了几百年,有一个诗人,也同样历经了坎坷苦痛,吟唱出相似的诗句——此心安处是吾乡。

是啊,身心安处为吾土,此心安处是吾乡。

莫向东风怨别离
——《红楼梦》探春心曲

南京市浦口区实验学校　周兴妍

引子

她一步一步地下了台阶。

站在最后一阶的地方,她默默地转过身来,看着"荣国府"三个字。

她知道,自此以后,便不能再回来了。

遥望

"阶下儿童仰面时,清明妆点最堪宜。游丝一断浑无力,莫向东风怨别离。"

她总爱和姊妹在一起说笑。

春节将至,众姊妹带上宝玉一个一起作乐。正月里的,免不了灯谜助兴。

她心中总是记得的。十几岁的三小姐,说到底也还只是个孩子。每到清明左右,天气和润,微风柔拂。她立在园里,看池流旁的点点翠绿,看春末的点点桃红。那时候,她偶尔在无人时望向天空,那天空似乎很少有人会记得抬头凝视。澄明如镜中,却总带着一丝寂寥。

如果有着各式各样的风筝,就不会这样的冷清了吧?

她很爱风筝,在周围人纠缠于繁杂琐事时,她无意中望向天空,对那清新与广阔、那翱翔与自由,她一直悄悄地保存着一缕似乎无人知晓的思慕。

又是新的一年了,她见过太多的宴欢喜乐,但众姊妹们互制灯谜时,她才隐隐感到了不同。在万象更新的日子里,她猜着姊妹们的谜,心理最深处似乎始终与她们的谜底呼应着的,是什么呢?

她心中忽然浮现的，是花团锦簇的大观园，是园中一个她素来最喜欢的风筝。她牵着线，跑啊、笑啊，遥望着那愈来愈小的浮影与天空——园内的——还是园外的——平静的天空。

那，是她的桃花源。

不甘心

"高情不入时人眼，拍手凭他笑路旁。"

她在诗里把菊花簪在了头上。

什么人会戴菊呢？

表明情志的男子。

明明欢笑笙歌中，宝钗说，空篱旧圃秋无迹，黛玉说，满纸自怜题素怨，湘云说，霜印传神梦也空。她说……

"高情不入时人眼，拍手凭他笑路旁。"

她一定要让人忘记，她是庶出；她一定要人知道，她不卑微。

赶巧，贾赦要找个小妾，看上鸳鸯，要纳其做小。鸳鸯抵死不从，在贾母面前哭告。贾母闻讯勃然大怒，火头都烧到王夫人身上。薛姨妈、王夫人、凤姐、李纨、宝钗、宝玉、惜春等各个不敢辩解出声。她望了望窗内，却站出来笑道，这事与太太都没相关，小婶子又如何知大伯子要收屋里人。三两句话，这个尴尬的僵局应声而破。

她解了局，便再也没有她的事了。

也许，她还是有一点儿不甘心吧？

以她的才能，本不该就只能插这一两句话的啊……

分离

"也难绾系也难羁，一任东西南北各分离。"

中秋夜，最后只有她与贾母相依。一片孤凄。她在幽咽的箫声中，望见了贾母眼中的泪光。这一点细节，很快隐没在贾珍贾蓉等人最后的醉生梦死里。

她怔怔地看着，看着元春暴毙，迎春受虐，湘云孤独终老，宝琴许了人家离乡,黛玉痴情魂消。她不明白,何以自己就生在了末世,生成了女儿,生成了庶出,这一腔忧愤,注定了,不会有人懂了。

她想起了种种。抄家前,她与姊妹们放了最后一个风筝。自己的那只凤凰,被另外的外来者绞断,飘飞到了别处。她在众人的哄然一笑中,最后一次地凝望了她心中的桃源。

她又想起,大观园里,她亲手缔结的诗社,开了最后一次诗会。她望着那纤细如缕的柳丝与连绵缠绕的绒,半晌,只是慢慢地说:

"也难绾系也难羁,一任东西南北各分离。"

"一任东西南北各分离。"

尾声

清明。

她眼前似乎还有那漫天的风筝,而有一只断了线,悠悠地,去了远方。

站在台阶上,失神的一会儿,已失了十余年的岁月。

她终究还是出逃了,这是无法逆转的逃离。

她缓缓眺向江边,那是她的未来。

或许,在远嫁之后,她还会时常想起当年的快乐与痛苦,她的风筝,还有她再也不会拥有的桃源,以及她在新年里写的谜语:

"游丝一点浑无力,莫向东风怨别离。"

此别之后,园中不复有她的风筝,亦不会再有她的笑语,或许,连那园也不会再有了吧。

奴去也,

莫牵连。

一定是这样吗?

南京市浦口区实验学校 唐文慧

如果你在平原上走着,突然眼前出现了一堵高墙,它的下方没有缝隙,它的上方连通天际,它的左右茫然无界,它漆黑、未知并且无边……那是什么?

人们说,那是死亡。生与死之间,是一道鸿沟。

一定是这样吗?

"是的,一定是这样的。"捧着米卡的躯体——亲手奶大的小鸟的她,如是说。

低头望向变得冰凉的小家伙,她的眼里有些悲戚,但并无泪水。看见妹妹恸然大哭,她有些迷茫,不由扪心自问:为什么我不难过?

冬末的清晨,有些冷。她披了厚大衣,十指却仍然僵硬。指间是什么柔软的东西盖住她的指节?哦,是小家伙死前蓬开的颈毛。何苦呢?分明它明白这样的时节如此是极冷的。分明它的死亡同她的十指一般寒凉。何苦呢!

好像我此刻应该感动或者大哭?她迷茫地问自己。

自己快冻死了还给我捂手,笨鸟。她慢慢地蹲下来,好卷起大衣的下摆,方便米卡钻进去——正如她们以前喜欢的那样。她把米卡连同自己的一只手掌也裹在衣摆里——然后掀开一点,亲亲它的头顶。"米卡好乖。"她夸夸它。

"大宝,把它放下!"外婆冲了过来,上气不接下气地,然后口气柔和地劝她:"你看,米卡已经死了,会产生尸毒的,很脏……我们去把它埋了好不好?"

"它不脏!它是我的……"话没说完,她忽然仰头看了眼外婆的眼睛,那双眼很苍老,溢满了担忧。和米卡的不一样。它们很灵动。"好吧,"她于是顺从地改了口,"我们去给它下葬。"她有点抵触"埋"那个字眼。

几天后,她从老家回去了。凡事都有些无趣,但也不那样悲伤。家里还有两只鸟,天天在她读书时乱吵。

"我去把你的读书音频录到我手机上给老师听哦。"一天睡前,妈妈来和她说。"好的。"她抱着米卡用过的小茶碗,躺在床上。

她闭上了眼。

忽地,有什么在响。鸟叫的声音。嗯……不是野鸟,像自家的鸟叫。可那两只早睡了呀,就在她床边。

她心里闪过了一个不可思议的猜测。可是又有些怀疑。是我幻听了吧?她想。

可那鸟叫,那么熟悉、亲切、吵人、尖利,然而那可爱的吵闹声,它又响起来了。极真切的。

她闭着的双眼猛地睁开,一下跳下床,连穿鞋都顾不上,赤着脚冲出房间,向声源急奔而去——仿佛卖火柴的小女孩去追赶她烛光中的外婆那般急切。

她拉开了那里的房门。她一下呆住了。是音频里的米卡在吵。只是与它像而已。

回到床上,抱紧茶碗,她的泪水夺眶而出。

生与死有一道鸿沟,一定是这样吗?

她想,不是这样的。